がんばらなくても、秒で伝わる

#comeback
#fanart
#myfave
#hellofrom
#fff
#legend

#英語

ハッシュタグ

#ootd
#nomnom24x7
emiko_grand
#ss
#foodie
#inspofashion

カン・アンドリュー・ハシモト 著

WAVE出版

はじめに

「フォロバ希望」「リムる」「ファボる」「リア友」…。これらはいわゆるSNS用語で特殊な言葉です。しかし日本語でSNSを楽しんでいる人なら、多くがこれらの意味を知っているはずです。使っている人もいるでしょう。ただし、そのどれもが通常の日本語の辞書には載っていない言葉です。

英語にも同様の言葉があります。一般的な辞書には載っていない、でも多くの人がその意味を知っている、そして使っている、そんな言葉がたくさんあります。

語学学習の一環として、スラングを覚えて使うことを勧める気持ちは、僕にはありません。しかし今やテレビなどのマスメディアと並ぶ影響力を持ったSNSには、辞書にはない言葉があふれています。英語の投稿にはそれらが使われているものも多いです。語数が少ない分、知らない語が1つあるだけで、まるで意味がわからないといったこともあるでしょう。そんなときのためにも、本書では英語のスラングやSNS用語も多く取り上げました。

英語のオンライン記事やSNSでの投稿の数は、日本語の比ではありません。英語で発信することができれば、それは世界中の人に発信していることと同じです。英語の投稿をもう少し理解したい、できれば自分でも英語で発信してみたい、そのためには英語をもう少し知りたい…。そんな方を念頭にこの本を書きました。

SNSにはありとあらゆるカテゴリーの投稿が存在します。興味のある分野では専門用語がかえって理解の手助けとなることもあります。また英語での投稿記事を読むと、ペットや筋トレ、DIYといった身近な話題であったとしても、世界にはさまざまな考え方があることを肌で知ることができます。

言語は試験科目ではなく、意思疎通のための道具です。この本を手掛かりに、道具を使うことの喜びを感じることができたなら、これほど嬉しいことはありません。

Kan Andrew Hashimoto

がんばらなくても、秒で伝わる　#英語

Contents

1章 コミュニケーションを図る言葉と#

2章 日常生活の発信と#

3章 人とのつながりが生まれる言葉と#

4章 美容・健康に関する#

5章 旅行の楽しさが伝わる#

本書の使い方

本書は、英語を楽しみながら勉強したい、実際に使われている英語を実践的に学びたいという読者のみなさんのために作りました。SNS上で実際に使われているハッシュタグや、日常会話で使える言葉を単語やフレーズにまとめています。

トピック
筋トレ、食事、推し活など、頻繁にSNSに投稿されているテーマが登場します。

ストーリー・イラスト
3人のキャラクターの日常やSNSに関するエピソードが載っています。

単語・フレーズ
各トピックで知っておくと便利な用語を紹介しています。

#英語
SNS上で使用されているハッシュタグを紹介しています。

解説や注意点
英語の補足解説やSNSを使用する際の注意点、海外での習慣などを紹介しています。

筋トレの基本用語と#

食事制限ダイエットで健康に意識を向けたユウマは、スポーツジムに通うことに。初日はトレーナーと共に基本的な運動を体験し、筋トレに関する言葉を覚えていきます。

workout
体を鍛える運動

workoutは体を鍛える筋トレや有酸素運動を表す名詞。work outで動詞の「運動をする」になる。I work out at the gym every day.「私は毎日ジムで運動している」のように使う。

#英語
体力づくりの筋トレは#workout、走る・歩く運動は#exerciseで投稿。

fitness
体の健康

「(運動によって)健康な状態」。本来のfitnessに「運動」の意味はない。fitは「健康な」。I'm fit because I jog every day.「毎日ジョギングをして健康だ」のように使う。

#英語
運動をした後は#fitnessで健康な毎日をシェアしよう。

英語の筋トレ用語はP123のabs「腹筋」の他に、「背筋」back muscleや「胸筋」pectoral muscleも覚えておきたい。squat down「しゃがむ」やsquat up「立ち上がる」、sit-ups「腹筋運動」もスポーツジムでは頻出語。

122

- 見出しの単語は読みやすさを重視し、OOMF (oomf)やgmのように、大文字と小文字が混在しています。実際はoomfやGmのように使用されることもあります。
- 本書ではP18-143のハッシュタグは小文字、P146-151のハッシュタグは大文字と小文字で表記しています。

28歳の会社員。仕事でSNSを活用している。推し活がきっかけで英語を学び始め、英語での投稿に挑戦する日々。夢は海外に住むこと。

エマとユウマのおばあちゃん。夫とペットの犬・猫と暮らしている。エマと一緒にアイドルの推し活をしている。推しと会話をしたくて英語を勉強中。

34歳の会社員でエマの兄。アメリカのIT企業に勤め、現在テキサス州オースティン在住。アニメとゲーム、新しい情報を知ることが大好き。

pre-workout
運動前の

preは「前の」という意味。pre-workout supplement「筋トレ前に飲むサプリ」やpre-workout drink「筋トレ前の飲み物」のように使う。

#英語
#preworkoutの対義語でpost「後の」を使った#postworkout「運動後の」という#もある。

warm-up
準備運動

warm-upは「体を温める準備運動」。準備運動で行う「筋を伸ばす」はstretch muscles、「屈伸」はbending and stretchingと言う。

補足
他にもbend one's knee(s)「膝を曲げる」やstraighten up「伸ばす」など、関連用語は多数ある。

cardio
有酸素運動

cardioは、cardio exerciseやcardio workoutを短くした言葉。有酸素運動はaerobic(エロゥビック)とも言う。無酸素運動は「無」「非」のanをつけてanaerobic exercise。

#英語
有酸素運動のやり方は#cardio、#aerobicで検索してみよう。

abs
腹筋

abdominal muscleが正式名称。日常会話ではabs(アッブス)。6つに割れた腹筋はsix pack absと言う。6つで1セットと捉えるためsix packのpackは単数形になる。

#英語
腹筋を鍛える方法を知りたい時は#absworkoutで検索してみよう。

lack of exercise
運動不足

lackは「不足」。「運動不足を解消する」はsolve my lack of exerciseやaddress my lack of exercise。似た言葉でout of shape「体がなまっている」「体調が悪い」がある。

使用例
out of shape due to lack of exercise
「運動不足で体がなまっている」

muscle pain
筋肉痛

sore muscle(ソア・マッソゥ)とも言う。painは心や体の強い痛み。soreは肩こりや傷の痛みにも使う。I'm sore. で「私は筋肉痛だ」になる。

#英語
筋肉痛の回復方法を紹介する#musclepainreliefという#がある。

Chapter4 美容・健康に関する#

123

#表記
解説文にはハッシュタグを#と省略して記載しています。

補足
関連する英単語やフレーズなどを解説しています。

単語・フレーズの読み方
読み方が難しい単語は、本文内にカタカナのルビを掲載しています。全ての単語の読み方は、P152-167の「Index 英語」をご覧ください。

使用例
英単語やフレーズがどのように使われるのか、例文を掲載しています。
例文の和訳は口語に意訳しています。

- 本書は、ネイティブスピーカーが日常で使う表現や、SNSで使われている表現を中心に、アメリカ英語で解説しています。
- 本書に登場する単語の中には、K-pop用語やオタク用語など、一般には浸透していないものが含まれます。

本書での英語の学び方

ハッシュタグは注目を集めることが目的のため、短くてわかりやすい表現が基本。そこから、端的で伝わりやすい英語を学ぶことができます。本書では、実践的な英単語やフレーズを、ネイティブスピーカーの目線で学びます。

SNSや日常会話で使う英語を学ぶ

bae
推し
before anyone elseの略でベイと読む。「大切な人」という意味。日常会話で高校生のカップルや女性の友人同士でお互いをbaeと呼び合うことからSNSでも使われるようになった。

使用例
Who's your bae?
「推しは誰？」

▷ **baeの解説** (P36)

推しに関するハッシュタグ例

#bae	#bingewatched
#bias	#myfav
#biassinging	#myfave
#biaswreckedvideo	#ultimatebias

テーマになっている単語を、日常会話や投稿文ではどのように使用するのか、解説と例文から正しい使い方を学べます。

英語がより深く理解できる短縮英語を学ぶ

fff
フォロバ（フォローバック）希望
follow for followの略。SNSでfff?とコメントがあったら「フォローするからフォローしてくれない？」と聞かれている。f4fもfffと同じ意味で、forを4（four）に置き換えた言葉。

#英語
フォロワー募集中の場合は、投稿に#fffと入れている人が多い。

▷ **fffの解説** (P24)

短縮英語のハッシュタグ例

#fff	#hbd
#bff	#potd
#c4c	#tfler
#goat	#yolo

SNSのDM（ダイレクトメッセージ）やハッシュタグ、携帯のテキストメッセージ（ショートメール）で使われている短縮英語を学べます。

言葉が持つニュアンスを学ぶ

同じ職場の人はco-worker、同じ業界の人なら職場は別でもcolleague。この2つは地位や立場が違っても使うので、この点が日本語の「同僚」とは異なる。peerは立場、地位が同じ社内の人。ぜひ使い分けてみよう。

▷ **co-worker、colleague、peerの解説** (P84)

似ている言葉の微妙な使い分けやニュアンスが学べます。

実践 ハッシュタグで英語を学ぶ

英語のハッシュタグは全世界のSNSのユーザーたちによって投稿されています。日本語とは比較にならないくらい多くのハッシュタグからSNSで独自に進化した新しい英語、日常でも使う単語やフレーズを学ぶことができます。

ハッシュタグで単語の意味を学ぶ方法

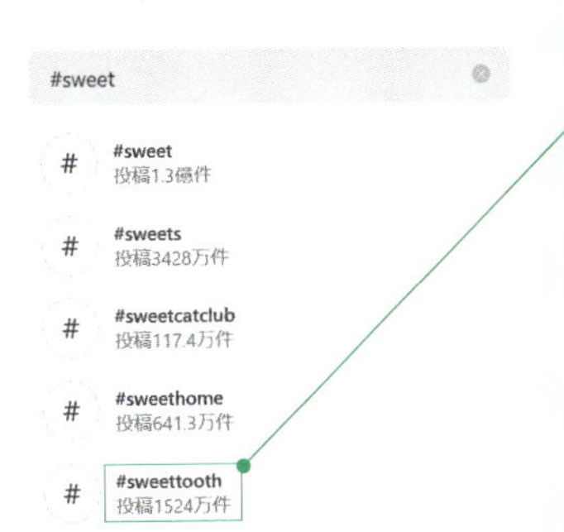

❶ 知っている単語に#をつけてSNSで検索する（例：#sweet）。

❷ sweetに関連した単語が出てくる。

❸ 気になる単語を、#を取り除いてネット検索する（例：「sweettooth 意味」で検索）。

❹ sweettoothの意味や正しい表記（sweet toothやsweet-tooth）が出てくる。

▷ sweet toothの解説はP64へ

ハッシュタグで単語のイメージをつかむ方法

上の図のように、SNS内のハッシュタグ検索の#sweettoothをクリックし、出てきた画像や動画を見ると、ビジュアルで単語のイメージがつかめます。

※ Instagramでは、ハッシュタグに関連する投稿内容が利用規約やコミュニティガイドラインに違反した状態が続いている場合、検索できないことがあります。

ハッシュタグとは?

ハッシュタグとは、ハッシュマーク(#)が前についた単語またはフレーズのこと。日本では主にX(旧Twitter)やInstagram、YouTube、TikTokなどのSNS(ソーシャル・ネットワーキング・サービス)で、特定の投稿やトピックに関する言葉を識別するために使用されます。

ハッシュタグの誕生秘話

#1 1988年、ハッシュタグが初登場

ハッシュタグが最初に使われたのは、まだインターネットが普及する前の1988年。IRC(インターネット・リレー・チャット)というプラットフォームで、現在と同様に、メッセージやコンテンツをカテゴリー分けする目的で使用された。

#2 2007年、hashtags命名

ハッシュタグという名前がついたのは2007年8月のこと。ブロガーのStowe Boyd氏が自身のブログで「hashtags」と呼んだことが始まりとされている。当時はGoogle検索で「hashtag」と入力すると、出てくるのはStowe Boyd氏のこのブログのみだった。

#3 2007年、SNSでハッシュタグ初登場

ハッシュタグがSNSで初めて登場したのは、2007年10月に起きたカリフォルニア州サンディエゴの山火事を知らせる#sandiegofire(San Diego fire=サンディエゴの火事)。当時サンディエゴ在住のウェブ開発者のNate Ridder氏がTwitter(当時)で投稿して話題になった。

#4 2009年、Twitterが公式に採用

2009年、Twitter(現在はX)がハッシュタグを公式に採用し、先頭に#がついたインターネット上の言葉は全てハイパーリンク(青字で表示され、リンク元に飛ぶ設定)になった。その後、Twitterが「トレンドトピック」を導入し、人気のハッシュタグをホームページやアプリに掲載したことで、ハッシュタグを重要視する動きが世界中で広まった。

ハッシュタグの基本情報

ハッシュタグと認証されるには、さまざまな条件があります。基本情報を学んで、実際に英語で投稿してみましょう。

#の本来の意味

もともと英語では、#は「ナンバー」という意味(No.と同意語)。#1はナンバーワン(1位、1番目の意味)と読む。

#はハッシュマーク

#は単体ではハッシュマーク。#loveなど、#以降に言葉が入るとハッシュタグと呼ばれる。

※本書ではハッシュタグを#と表記している箇所があります。

シャープとの違い

ハッシュマークとシャープは全くの別物。日本では電話の#をシャープと呼ぶが、実際の名称はナンバー。

ハッシュタグ　♯ シャープ

ハッシュマークの入力方法

Windows も Mac も Shift +3で#が入力できる。

#は半角で入力

全角と半角は似て非なるもの。#は半角でないと認識されないので注意。

半角　＃ 全角

半角スペースが重要

ハッシュタグを複数入れる時は、#love #styleのように、ハッシュタグとハッシュタグの間に半角スペースを入れる。

ハッシュタグのつくり方

英語に慣れてくると、自分で自由にハッシュタグをつくることができるようになります。ハッシュタグには大・中・小のカテゴリーがあり、それらを理解すると、投稿に合うハッシュタグがつくりやすくなります。

例えば、キャンプ関連の投稿では、次のようなハッシュタグが使用できます。

大きなカテゴリー

#camping

場合によっては投稿数が数億件以上のハッシュタグもある。
どこで・誰と・どんなキャンプをしているのかは識別できない。

中間のカテゴリー

#campingwithdogs

犬たちとキャンプをする様子を表すハッシュタグ。

小さなカテゴリー

#campingwithdogsau

場所をオーストラリアに限定した
ハッシュタグ。更に特定した内容になる。

・大きなカテゴリーのハッシュタグについて

定期的に発表されるSNSのハッシュタグランキング（件数のランキング）が参考になります。

・中間のカテゴリーのハッシュタグについて

#campingwithdogsのように単語を足していくだけではなく、#grampingのようなキャンプの種類や、#campfireのようなキャンプの一部分も含まれます。

・小さなカテゴリーのハッシュタグについて

件数が少なすぎるなど、マニアックな内容にならないよう注意。情報拡散の目的で投稿する場合は、投稿前にSNS内でハッシュタグの件数を検索すると参考になります。

※大・中・小のカテゴリーは、あくまでも目安としてご覧ください。

各SNSのハッシュタグ表記

各SNSにはハッシュタグのルールがあります。英語の小文字しか表記されない、大文字も表記は可能だが小文字との違いが認識されない、絵文字のハッシュタグが投稿できるなど、SNSによって使い分けましょう。

・共通のルール

※共通のルール、各SNSの情報は、2024年9月時点のものです。

ルール	○	×
☑ ハイフン(-)は入らない	○ #musthaves	× #must-haves
☑ #内はスペースを空けない	○ #sweettooth	× #sweet tooth
☑ 句読点(.,)は入らない	○ #nothanks	× #no,thanks
☑ スラッシュ(/)は入らない	○ #https	× #https//
☑ 数字は使用できる	○ #springtraining2025	
☑ 半角のアンダーバー(_)は使用できる	○ #love_	

X (旧Twitter)

文字数制限内で好きなだけハッシュタグを入れることができるが、1つの投稿に2つ以下を推奨。

表示が可能なハッシュタグ

#love	#LOVE	#Love
小文字のみ	大文字のみ	大文字と小文字

※大文字で投稿や表示が可能だが、小文字との認識の区別はない。また、絵文字のハッシュタグは表示・認識されない。

Instagram

1つの投稿に使用できるハッシュタグは最大30個。31個以上になるとコメントの投稿ができなくなる。

表示が可能なハッシュタグ

#love	#♥
小文字のみ	絵文字

※大文字のハッシュタグで投稿可能だが、表示・認識は小文字のみ。絵文字や独自の特殊な文字で投稿や表示が可能。

YouTube

60個以上のハッシュタグを追加すると全て無効。動画のタイトルに自動で3つのハッシュタグがつく。

表示が可能なハッシュタグ

#love	#LOVE	#Love
小文字のみ	大文字のみ	大文字と小文字

※大文字で投稿や表示が可能だが、小文字との認識の区別はない。また、絵文字のハッシュタグは表示・認識されない。

TikTok

ハッシュタグの文字数制限は英字では70文字。一般的には3~5つのハッシュタグが推奨といわれている。

表示が可能なハッシュタグ

#love	#♡
小文字のみ	絵文字

※大文字のハッシュタグで投稿可能だが、表示・認識は小文字のみ。絵文字のハッシュタグも投稿・表示が可能。

参考文献

Instagram
https://help.instagram.com/351460621611097/?helpref=related_articles&hl=ja

TikTok
https://ads.tiktok.com/help/article/tiktok-standard-hashtag-challenge?lang=en

YouTube
https://support.google.com/youtube/answer/6390658?hl=ja

X
https://help.x.com/ja/using-x/how-to-use-hashtags

Dictionary.com
https://www.dictionary.com/

Merriam-webster
https://www.merriam-webster.com/

URBAN Dictionary
https://www.urbandictionary.com/

best-hashtags.com
https://best-hashtags.com/

DMM 英会話
https://eikaiwa.dmm.com/blog/learning-english/travel-slang/

ECC フォリラン
https://foreignlang.ecc.co.jp/enjoy/e00007/#

ENGLISH JOURNAL
https://ej.alc.co.jp/entry/20230403-teenslang-matome#amirite

GAME QUITTERS
https://gamequitters.com/instagram-slang/

ITC総研　2022年度SNS利用動向に関する調査
https://ictr.co.jp/report/20220517-2.html/

Life Wise TECH FOR HUMANS
https://www.lifewire.com/history-of-hashtags-3288940

LIFECOUCHHUB
https://www.lifecoachhub.com/coaching-articles/life-coaching-hashtags-337-best-hashtags-for-life-coaches/1230

MIT Press Direct
https://direct.mit.edu/books/book/4597/HashtagActivismNetworks-of-Race-and-Gender-Justice

MUO MAKE USE OF
https://www.makeuseof.com/social-media-abbreviations/

OBERLO
https://www.oberlo.com/statistics/why-do-people-use-social-media

Reliablesoft
https://www.reliablesoft.net/what-are-hashtags-and-how-to-use-them/

SALONORY tm STUDIO
https://studio.salonory.com/education/different-types-of-bangs/

U LOVE ENGLISH
https://ulovenglish.com/english-hashtag-for-instagram/

#MOVEME
https://moveme.studentorg.berkeley.edu/

♥WE LOVE SOCIAL by comnico
https://www.comnico.jp/we-love-social/the-best-instagram-hashtags

楽天モバイルハッシュタグ(#)とは?付け方や歴史、活用方法を解説
https://network.mobile.rakuten.co.jp/sumakatsu/contents/articles/2024/00170/

『Instagram 完全攻略本 決定版 売上とフォロワーを増やす知識とテクニックのすべて』
KADOKAWA(2022年)木村麗・UUULA ANALYTICS開発チーム著

『インスタで売れないものはない!　Instagram集客の教科書[増補改訂版]』
WAVE出版(2021年)北川聖・nana著、湊洋一監修

1章・コミュニケーションを図る言葉と

SNSの基本用語、インターネット上のあいさつ、短縮英語の読み解き方や推し活で使いたい一言など、SNS上でコミュニケーションを図るうえで必要な単語やフレーズ、ハッシュタグ（#）について解説しています。

知っておきたいSNS用語

友人から誘われてSNSを始めたエミコさん。孫のエマから基本的な情報を教わることに。一方エマは、アメリカに住む兄・ユウマの影響を受け、英語で投稿を開始しました。

social media

SNSを含むネットメディア

SNSはsocial networking serviceの略。和製英語なので海外では通じない。英語ではsocial mediaと言い、InstagramやX、YouTube、メッセージアプリなど、幅広いネットメディアのこと。

使用例

Check it on social media.
「SNSでチェックしてね」

viral

話題の

viralはvirus「ウィルス」から派生した言葉で、「話題の」「バズった」という意味の形容詞。go viralは「バズる」、went viralは「バズった」で動詞になる。読み方はヴァイラル。

使用例

The post went viral.
「その投稿はバズった」

SNSの登場で日々新しい言葉や習慣が生まれている。英語圏でもアカウントを複数持つことは珍しくない。本アカ（表のアカウント）はmain accountやreal account、裏アカは2nd accountやfinsta（Instagram用）と言う。

poster
投稿者

post は「投稿する」こと。「投稿をする人」は posterと言う。拡散されているスレッドなどを最初に投稿した人のことはOP (original poster) と言う。

使用例

Disagree with the poster.
「投稿者の意見には同意できないな」

lurker
見る専門の人

lurker (ラーカ) は、フォローしているし投稿も見ているのに決して絡んでこない人のこと。lurk は「潜む」という意味がある。

使用例

His comment made me a lurker.
「彼のコメントを見て絡むのをやめたんだ」

@
アットマーク (メンション用)

メールアドレスの@と異なり、SNSでは他のユーザーにメンション(相手を指定して行うメッセージや投稿) をする際に@を使用する。

使用例

LINEやインスタで、「@相手のアカウント名」を入力し、@の色が青色になればメンション成功!

trending
流行りの

trending は「流行りの」「話題の」という意味。「トレンド入り」も trending でOK。trending topic (今、ホットな話題) のように使う。

使用例

It's trending online.
「それ、ネットで話題なんだよ」

POV (pov)
あるある

point of view の略語。通常は「視点」だが、ネットでは「あるある」「こういうのってあるよね」という意味で使われる。

使用例

POV: You have nothing to do.
「あるある:今日はすごく暇」

meme
おもしろ動画

おもしろ動画や画像、またはそれらが拡散していく様子を表す言葉。ネットから生まれた言葉で、日本語と同様、ミームと読む。

使用例

I've been watching memes all night long.
「一晩中ミームを見てた」

登録者を増やす一言と#

アメリカでの生活を動画で投稿することにしたユウマ。「高評価を押してね」「登録よろしく」は英語ではなんと言うのでしょうか？　動画チャンネルを見ながら実際の言い方を学び始めました。

Hit like!

高評価を押してね!

SNSの「高評価」や「いいね」は英語ではlikeで通じる。Hit like. はHit the like button.「高評価ボタンを押してね」を短くした言い方で、YouTuberが動画の最後に言う定番のセリフ。

使用例

Don't forget to hit like!
「高評価を押すのを忘れないでね!」

subscribe

登録

subscribeはYouTubeでよく聞く言葉。逆に、否定を表すunが入ったunsubscribeは「登録解除」。メーリングリストやDMの登録、登録解除もsubscribeやunsubscribeを使う。

使用例

Hit like and subscribe!
「高評価とチャンネル登録よろしく!」

YouTubeでよく聞く「登録」（英語ではsubscribe）は、近年頻出している言葉。「登録」以外にも「定期購入する」という意味があり、Netflixなど、動画コンテンツのサブスクは、名詞のsubscription「定期購入」からきている。

smash

強く押す

smashは「強く打つ」や「強く押す」。Smash the like button.はYouTuberのお決まりのセリフで、今や他のSNSにも広まっている。

使用例

Smash the like button.
「高評価を押してね」

sub for sub

チャンネル登録し合おう

subはsubscribe「登録」の略。sub for subはYouTubeなどで発信している者同士、お互いにチャンネル登録をしようという意味。

#英語

#subforsubの類似#には、#sub4sub、#subscribe4subscribeなどがある。

notification on

通知をオンに

notificationは「通知」。notification onは、YouTubeの「通知をオンに」という意味に。よく似た言葉にnoticeがあるが、こちらは「注意」「警告」という意味。

使用例

Hit notification on.
「通知をオンにしてね」

Leave a comment.

コメントちょうだい

leaveは「残す」「置きっぱなしにする」という意味がある。言い換えとして、Like and comment, please.「高評価とコメントをお願い」という言い方をする人もいる。

使用例

Leave a comment if you like!
「もしよかったら、コメントちょうだい!」

new upload

新しい投稿

uploadは、これだけで「YouTubeに動画を投稿」すること、また「投稿された動画」のことを表す。「新しい投稿動画」はnew videoと言うことも。

使用例

Check out my new upload.
「新しい投稿をチェックしてね!」

social tipping

投げ銭

コンテンツを閲覧した利用者が制作者に寄付をすること。またそのシステムのこと。路上の演奏者などに直接渡す投げ銭はtippingと言う。

使用例

Social tipping is always welcome!
「投げ銭はいつでも歓迎!」

ちょっと怖いSNS英語

SNSは楽しい半面、さまざまなトラブルが潜んでいる世界。ある日、エマは自分の投稿へのコメントを見てビックリ…！　一体何が起こったのでしょうか？人生初めての炎上です！

troll

荒らし

場を荒らしたり炎上させたりすることが目的の投稿者。trollは「流し釣り」という意味があり、人々が食いつく投稿を仕掛ける人をtroll（トロゥル）と呼ぶようになった。

使用例

Just a troll. Ignore him.
「ただの荒らしだよ。無視無視」

anon

名無し

anonはanonymous（アノニマス）の略で、匿名でコメントを書く人、また実名を伏せて好き勝手なコメントを書く人のこと。アナン、またはアノンと読む。

使用例

Why are you saying that, anon?
「なんでそんなこと言うの、名無しさん？」

anonやtrollなど、SNSから生まれた言葉は教科書で習わないけれど、すでに実生活に浸透している。単語自体は簡単なのに意味を知らないと訳がわからないはず。目にする機会は必ずあるから、知っておいて損はない。

get flamed
炎上する

flameは「燃え上がる」という意味で、get flamedで「炎上する」。同じくblow upも「炎上」だが、「ブチギレる」「有名になる」という意味もある。

使用例

I got flamed for that comment.
「あのコメントのせいで炎上した」

tea
噂話

teaには「噂話」「ゴシップ」という意味がある。Spill the tea.は直訳で「お茶をこぼして」。実際は、「その話を聞かせてよ」という意味になる。

使用例

What's the tea?
「最新のゴシップは?」

TL;DR (tl;dr)
長すぎて読めない

Too long; didn't read.の頭文字を取ってTL;DR。「長文すぎて読めん」と、他人や自分の投稿へのツッコミに使う。投稿の文字数制限でTL;DRと表示されることも。

使用例

Your post is TL;DR.
「あなたの投稿は長すぎて読めません」

clickbait
おとり広告

bait(ベイト)は釣りや狩りの際に使う餌のこと。ネット記事の誤解を招く見出しなど、クリック数を増やす罠もclickbaitと呼ばれている。

使用例

Don't repost clickbait articles!
「おとり広告記事をリポストしちゃダメ!」

doom-scrolling
ドゥームスクローリング

doomは「破滅」または「悲運」。doom-scrollingは、特にネガティブなニュースを検索するために画面をスクロールし続ける行動を表す。

使用例

I've been doom-scrolling all night long.
「一晩中ドゥームスクローリングしてた」

Karen
自己中心的な人

超自己中心的な行動で周囲を不快にさせる人。コロナ禍でルールを無視して暴れる人に対して使われ始めた言葉。そんな人たちが複数いる時はKarens。

使用例

I know I was a Karen last night.
「昨日の私、自己中だったよね」

外国人からきた謎のメッセージ

SNSでアイドルの推し活を投稿しているエマ。ある日、エマの投稿に反応したユーザーのオリビアから謎のメッセージが届きました。一体何が書かれているのでしょうか？

fff

フォロバ（フォローバック）希望

follow for followの略。SNSでfff?とコメントがあったら「フォローするからフォローしてくれない？」と聞かれている。f4fもfffと同じ意味で、forを4（four）に置き換えた言葉。

#英語

フォロワー募集中の場合は、投稿に#fffと入れている人が多い。

t4l

高評価をしてね

「tag（タグ付け）しているのはlike（高評価）のため」。つまり「高評価をしてね」という意味。10代や20代はt4lよりもtflers(tag for likers)を多く使う。意味はどちらも同じ。

#英語

インスタでは#t4lは禁止されているハッシュタグなので注意しよう。

SNSやDMには暗号のようなメッセージが届く場合も。わからない時は正直に尋ねてみればいい。「うざい」と無視されるかもしれないが、張り切って教えてくれる人もきっといる。

c4c

コメントをし合おう

comment for commentの略で、「コメントをくれたらコメントするよ」「コメントし合おう」という意味になる。

#英語

英語で投稿し、コメントがほしい時は#c4cを入れてみよう。

s4s

宣伝してくれたら宣伝するよ

shout out for shout outの略。shout outは「叫ぶ」で、この場合「宣伝してくれたら君のことも宣伝する」ということ。ただし、これを信じてはダメという意見もある。

#英語

仕事や自分の活動について投稿する際は#s4sで良い効果が出るかも!?

l4l

高評価し合おう

l(エル)はlikeの頭文字を取ったもので「高評価」「いいね」の意味。like for likeの略で、「高評価をしてくれたら高評価をお返しするよ」という意味になる。

#英語

インスタでは#l4lは禁止されているハッシュタグなので注意しよう。

foll

フォロー

foll、folloはfollowの略。例えば、foll?またはfollo?とメッセージがきたら、「フォローしてくれる?」という意味になる。

使用例

Wanna foll?
「フォローしてくれる?」

PM (pm)

DM(ダイレクトメッセージ)

private (personal) messageの略。日本ではDMと呼ぶが、英語ではDMは企業などからの案内メールのこと。直接のメッセージについてはPMが一般的な名称。

使用例

PM me.
「DMして」

HMU (hmu)

連絡して

HMUはhit me upの略で「連絡して」という意味。HMUはネット上で使われる言葉だが、省略しないhit me upは日常会話でもよく聞くフレーズ。

使用例

HMU later.
「後で連絡して」

外国人からのメッセージへの返答

謎のメッセージは「同じアイドルファンとして友達になろう」という好意的な内容でした。メッセージの送り主はアメリカ在住のオリビア。明るくてフレンドリーな人柄が伝わってきてホッとしたエマは、英語で返答にチャレンジしました。

hitting follow

フォローするよ

I'm hitting the follow button.の略。I'm hitting(am～ing)は、すでに始まっている未来を表す。fff?（P24）には、Sure, hitting follow!「もちろん、フォローするよ!」でポジティブな返答に。

補足

follow の代わりにfollやfolloを使用してもOK!

No, thanks!

結構です!

fff? などのメッセージに対して断る時は、No.だけではなくNo, thanksと、Thanks.も忘れずに。I'm good. GL!（good luckの略。詳細はP31）でさらに感じが良くなる。

使用例

No, thanks! I'm good. GL!
「私は結構です!　頑張ってね!」

SNSにはDMを片っ端から送ってくる人もいる。日本人は「断ったら悪いかも」と思いがちだが、断る時は躊躇せずはっきりと伝えることが大切。英語圏では「基本は断る」という人も少なくない。

k

りょ

kはOKの略。日本語の「りょ」や「り」(了解の短縮形)に相当する。kkでもOKだが同時に「笑い」を表すスラングなので使い方に注意。

使用例

A: c4c?「相互コメントしない?」
B: k「りょ」

hundo p

もちろん

hundoはhundred(100)、pはpercent(%)の略。この場合は「100% OK」→「もちろん」の意味。読み方はハンドゥ・ピー、またはハンドレッド・パーセント。

使用例

A: tflers?「高評価してくれる?」
B: hundo p!「もちろん!」

tftf

フォローありがとう

Thanks for the follow.の略。メッセージで相手からtftfときた場合のthe followはあなたが相手をフォローしたことを指す。コメント上でも使える便利な表現。

使用例

A: tftf!「フォローありがとう!」
B: Sure!「もちろん!」

tnx

ありがとう

tnxはThanks.の略。他にもthx、tysm(Thank you so much.)やty(Thank you.)があり、親しい者同士ならメールやメッセージアプリなどでもよく使う表現。

使用例

A: Nice pics!「いい写真だね!」
B: tnx!「ありがとう!」

b4n

またすぐ後で

b4nはbye for nowの略で、「またすぐ後で」という意味がある。メッセージではb4n cu tmr. (Bye for now see you tomorrow.)のように使う。

使用例

A: b4n cu tmr!「また明日!」
B: cu「じゃあね!」

leave on read

既読スルー

積極的にDMを送ってくる人たちの中には詐欺師まがいの人が多いのも事実。知らない人からのDMにはleave on read「既読スルー」も選択の一つ。

使用例

If you don't know him, just leave on read.
「知らない人なら既読スルーしなよ」

SNS的あいさつ

ゲームが趣味のユウマは、世界中のオンラインゲームを楽しんでいます。今夜も世界中の参加者たちとメッセージでやり取りをしながら一緒に闘っていきます。

gm
おはよう

Good morning.の略。スマホ登場以前の画面が小さい携帯電話では、やり取りはなるべく短い表現が好まれ、短い言葉が使われた。スマホではGmと表記されることも。

使用例

A: gm, how r u?「おはよう、調子は?」
B: Good!「いい感じだよ!」

gn
おやすみ

Good night.の略でSNSとテキストメッセージで使われる。メッセージを終わらせたい時は、gnの代わりにcu(See you.)、cul8er(See you later.)、cua(See you again.)などもある。

使用例

A: gn, cul8er「おやすみ、またね」
B: gn!「おやすみ!」

Sup?
元気?

What's up?を音にするとSup?と聞こえるため、親しい間柄ではこんな書き方をする。返答は、Good.やNo bad.などが多いが、単なるあいさつであることも多く、Sup?と返す人もいる。

使用例

A: Sup?「元気?」
B: No bad.「まぁまぁかな」

glhf
よろしく

Good luck have fun.の略。直訳は「がんばれ」「楽しんでね」で、登校・出社する家族への言葉だが、オンラインゲーム開始時やチャット終了時のあいさつ、「よろしく」にもなる。

使用例

A: I'm a n00b.「初心者なんだ」(n00bはP33)
B: Me, too. glhf.「僕もだよ。よろしくね」

スマートフォンで英単語を打つと、自動で単語の頭文字が大文字になることが多い。gm、gn、wbなど、文頭にあることが多い単語はGm、Gn、Wbといった表記になることも。

brb

すぐ戻る、トイレ休憩

Be right back.「すぐ戻る」またはbathroom break「トイレ休憩」の略。オンラインゲームやチャットを一時的に中断する時に使う。bbl (Be back later.) も同意語。

使用例

A: brb「トイレに行ってくる」
B: k「りょ」

afk

離席中

away from keyboardの略。オンラインゲームやチャットから一時的に離席する時に使われる。brb「すぐ戻る」よりも長くなる場合はafkを使う。

使用例

I'll be afk for 5.
「5分席を外します」

wb

おかえり

Welcome back.の略。オンラインゲームやチャットに戻った人へのあいさつ。歓迎パーティーの定番文句で、入院や長期出張からの帰宅を喜ぶ投稿にも使える。

使用例

A: I'm back!「戻ってきたよ!」
B: wb!「おかえり!」

cu

またね、じゃあね

See you.の略。テキストメッセージで使う。若者のスラングではないが、とてもカジュアルで親しい間柄限定の言葉。Youをyにしたcyもある。

使用例

A: bye「バーイ」
B: cu「またね」

g2g

もう行かなきゃ

I've got to go.の略。Gotta go.も同じ意味で、どちらもI have to go.やI should go.の口語的な言い方。特に急いでいる度合いの違いはない。

使用例

A: g2g「もう行かなきゃ」
B: cu「じゃあね」

b2w

仕事に戻る

back to workの略。昼休みに友人とメッセージのやりとりをしたあと「じゃ、そろそろ仕事に戻るね」といったニュアンスで使う。

使用例

I wish I could chat longer, but I got to get b2w.
「話していたいけど戻らなきゃ」

短縮英語で発信

少しずつ英語の読解に慣れてきたエマ。同じアイドルファンのオリビアと仲良くなり、日々情報交換を楽しんでいますが、英語でのメッセージの発信や投稿はまだまだ難しいようです。

ICYMI (icymi)

念のため

ICYMIはin case you missed itの略で「見逃していた時のために」→「念のため」の意味になる。宣伝や告知をする際は何度か発信したいもの。そんな時もこの一言があればウザくない。

使用例

Next get-together on Sat! ICYMI.
「次の飲み会は土曜日！　念のため」

aka

別名

also known as の略。「またの名を」の意味。自己紹介や得意なことを伝える時に使う。「エィケィエィ」と読むのが正しいが、スラングでは敢えてエイカ、アッカとも読む。

使用例

I'm Ayako aka Aiai.
「私は綾子、アイアイって呼ばれてるよ」

IDK (idk)

わからない

I don't know.の略で「わからない」という意味。メッセージではIを省略してDK(don't know)とだけ送っても通じる。返答はk (OK.の略で「りょ」)と送ってみよう。

使用例

A: IDK if I can make it.「行けるかわからない」
B: k, I'll text u.「りょ、後でメールする」

IRL (irl)

現実の世界で

IRLはin real lifeの略で「現実の世界で」という意味。発音はイン・リアル・ライフ。主にネット上で使われる言葉だったが、若者の間では実際の会話でも使われ始めている。

使用例

Will meet IRL?
「リアルで会う？」

ICYMI、IDKなどの頭文字のみを記すスラングは、テキストメッセージで使う場合は小文字で書くことの方が多い。大文字に変換するのに一手間かかるからというのがその理由。意味の違いはない。

GL! (gl)
またね!

GL!はGood luck!の略。「幸運を!」と訳されがちだが、英語では「がんばって!」や、もっと軽い「またね!」といった意味で使われる。

使用例

Alright, GL!
「じゃあ、またね!」

ATP (atp)
現時点では

at this pointの略。「今は言えないけどそのうち言うつもり」のように、今はこの状態だが今後は変わるという時に使われる。

使用例

I can't tell you ATP.
「現時点では言えないんだ」

HT (ht)
感謝

HT (H/T) はhat tipの略。帽子のつばを軽く持ち上げて挨拶をしたり、敬意を表すことをtip one's hatと言うことから「感謝」「同意」を表す。

使用例

I have to HT to my followers.
「フォロワーさんに感謝しなくては」

IYKYK (iykyk)
わかる人にはわかる

If you know, you know.の略で、「知ってたら知ってる」つまり「わかる人にはわかるよね」ということ。内輪だけの話題やジョークのあとにこの一言。

使用例

A: Irony or something?「皮肉か何か?」
B: IYKYK「わかる人にはわかる」

OOMF (oomf)
フォロワーの一人

one of my followersの略で「フォロワーの一人」。相手の名前を知らない、または名前を言いたくない時に使う。ex-OOMFは「元フォロワー」。

使用例

I got a request from OOMF.
「フォロワーの一人からリクエストがきた」

fyp
おすすめに載せてほしい

for you pageの略で「おすすめに載せてほしい」という意味。SNSのおすすめ動画に選ばれたい人が意思表示のためにつける#。

#英語

#fypの他にも#fypシ、#fypツが存在し、シ・ツは共に笑顔 :) を表現している。

短縮英語のコメントとリアクション

インターネット上で仲良くなったオリビアが日常で起こった笑えるエピソードをSNSで投稿しています。コメントをしたいエマですが、英語では思うように言葉をかけられずにいます。

ROFL (rofl)

大爆笑

rolling on the floor laughingの略。「床を転げ回って笑う」→「大爆笑」。(笑)にあたるLOL (laughing out loud)より笑いのレベルが上。また、LOLは古いと感じている人はROFLを使っている。

使用例

ROFL! Check this reel!
「大爆笑！　この動画見てみて！」

CSL (csl)

爆笑

can't stop laughingの略で「笑いが止まらない」→「爆笑」。ROFL、LOLと同じく頻出表現。小文字より大文字の方が笑いの度合いが高い。使い分けている人が多いので観察してみよう。

使用例

What did you say!? CSL!
「何だって!? 爆笑！」

JK (jk)

冗談だよ

JKは英語ではJust kidding.の略で「冗談だよ」「ジョークだってば」の意味。SNSで冗談を言った後、または相手をからかって怒らせてしまった時のフォローで使うことも。

使用例

Sorry, JK.
「ごめん、冗談だよ」

IKTR (iktr)

だよね、わかる

I know that's right.の略で「だよね」「わかるー」など同意を表す時に使う。thatをdatとしてIKDRと書くことも。

使用例

A: I live for BTS!「BTSが生きがい!」
B: IKTR!「だよね！」

「大爆笑」の中にはFワードやass（ケツ）が入っている下品な表現もある。LMFAO (laughing my fucking ass off)、LMAO (laughing my ass off)は、英語が流暢であっても安易に使うべきではない。

NP (np)

問題ないよ

No problem. の略。「問題ないよ」という意味で、お礼を言われた時の返答。同じくお礼の返答としてのYou're welcome. もYWと略して使うことがある。

使用例

A: Thx 4 the advice.「アドバイスありがとう」
B: NP!「問題ないよ!」

n00b

初心者

語源はnewbie「新人」。newをヌーと発音することからnoo、bieはbと同じ発音でn00b(ヌービー)に。「素人で無知なので、お手柔らかに」と伝えたい時に便利な言葉。

使用例

Sorry. I'm just a n00b.
「ごめん、僕はただの初心者なんだ」

SMH (smh)

呆れた

shaking my headの略。「(呆れて)頭を振る」というこの表現は、誰かがバカみたいな言動をした時に「ありえないでしょ」というニュアンスで使う。

使用例

SMH, this slander is unbelievable.
「呆れた、この誹謗中傷はありえない」

IMAO (imao)

ぶっちゃけ

in my arrogant opinionの略。日本語の「ぶっちゃけ」にあたる。arrogantは「横柄な」という意味で、IMAOは相手を傷つけるかもしれない正直な意見を言う時にも使う。

使用例

IMAO, this comment is sucks!
「ぶっちゃけ、このコメントは最低!」

LMK (lmk)

教えて

let me knowの略で、意味は「教えて」。let me knowとtell meは同じ「教えて」だが、tell meはやや強制的なニュアンスになるので、使い方に注意。

使用例

LMK when.
「いつなのか教えて」

BTW (btw)

ちなみに

by the wayの略で、意味は「ちなみに」。話題を変えたりずらしたりする時に使う。理由を伝える時に使う「だって」のbecauseはBC。

使用例

BTW, I'm not going. BC not interested.
「ちなみに私は行かない。だって興味ないから」

Instagramならではの言葉と#

エマはインスタで海外の情報をリサーチしています。英語の投稿を見ていると、インスタならではの変わったハッシュタグ（#）が存在していることを発見しました。

Instagood

インスタらしくて良い

インスタには独自の言葉がたくさん存在する。投稿する際に何をつけようか迷ったらこの#。「インスタ用にいい写真が撮れたから見て」という意味。#instalikeも同じ使い方だ。

#英語

#instagoodと共に、美しい景色や自撮り写真を投稿している人が多数。

Instadaily

今日の1枚

Instadailyは写真を投稿する時によく使われるインスタならではの言葉。直訳は「今日のインスタ」で、意味は「今日の1枚」。毎日写真を投稿している人にピッタリの#。

#英語

#instadailyを検索すると、世界中の人の日常を見ることができる。

love

愛

インスタには#のランキングがある。数ある#の中でも第1位はlove。#loveは「これ、好きなんだけど」という風に、好きなものなら何でもアピールできる。

#英語

インスタには21億件以上の#loveがある。猫や家族写真など投稿はさまざま。

IG（ig）

Instagram

InstagramはInstaやIGと略す。先述のInstadailyもIgdailyと略す人もいる。#igloverは「インスタが好きな人」、#igstyleは「インスタファッション」など、IGに関する#は無数。

#英語

インスタ受けしそうな猫の写真が撮れたら、#igcatで投稿しよう。

Instagramは美しい写真など、ビジュアルが特に重要視されるSNS。独自の世界観を持ったSNSだからこそ、「インスタらしくていい」Instagoodや、「インスタで見せる価値あり」Instaworthyという言葉が生まれた。

Instagrammable
インスタ映えする

一時期「インスタ映え」を狙ってカラフルなスイーツが流行ったが、英語ではInstagrammableと言う。Instagramability「インスタ映えの良さ」なんて言葉もある。

使用例

It's so Instagrammable!
「すごくインスタ映えする！」

stagram
～のインスタ

stagramの前に英単語を入れれば、「のインスタ」という意味になる。同じ趣味のフォロワーを増やしたい時はこの#。

#英語

犬の写真が見たい時は#dogstagram(詳細はP94へ)で検索してみよう。

Instamood
インスタ気分

「インスタに載せてみたいと思ったんだ」というニュアンス。「特に理由はないけど、これでも見てよ」という感じで投稿する。

#英語

#instamoodも#instadaily同様、さまざまなジャンルの画像が出てくる。

Instaworthy
インスタで見せる価値あり

Instagramにworthy(価値がある)をプラスして「インスタにアップする価値がある」という意味に。photogenic「写真映えする」と合成したInstagenicも同じ意味。

#英語

#instaworthyで検索すると、人間の価値観が人それぞれだということがわかる。

Igers
～とつながりたい

IgersはInstagrammers「インスタユーザー」のこと。#igersXXXのX部分に好きな単語を入れる。例えば#igersitaliaは「イタリア好きとつながりたい」という意味に。

#英語

写真好きの人とつながりたい時は#igersphtographyを検索してみよう。

regram
リポスト

インスタでリポスト(過去の投稿を再度投稿)する時に使う。おすすめに上がってきた画像や動画を投稿する時は、この#を忘れずに。

#英語

人の写真を載せる時は#regram、#repostが炎上を防ぐ役割も。

推しを表す一言と#　アイドル編

エマと一緒に推しのライブに参戦したエミコさん。推しに届くことを密かに信じて、SNSに英語で投稿してみることに。英語の「推し」という言葉は、何種類もあるようです。

bias

推し

bias（バイアス）は「偏見」という意味だが、K-popファンの間で「その人をひいきする」→「推し」の意味で使われ始めた。He's my bias.「彼は私の推し」のように使う。

#英語

「究極の推し」に出会った時は、#ultimatebiasで投稿しよう。

bae

推し

before anyone elseの略でベイと読む。「大切な人」という意味。日常会話で高校生のカップルや女性の友人同士でお互いをbaeと呼び合うことからSNSでも使われるようになった。

使用例

Who's your bae?
「推しは誰？」

「推し」はアイドルやアニメファンの間でよく使われる日本語だが、今やアメリカの一部の人にもoshiという言葉が知られている。特に、日本のアニメや日本のアイドル好きの中にはoshiを使っている人がいる。

my fave
推し

my favoriteの略。さらに略してfavと書くことも。読み方はフェイヴ。SNSで「推し」を表す最も一般的な言葉。SNS誕生前から使われていた。

#英語

#myfave、#myfavは「推し」の他に「好きなもの」を投稿する際にも使える。

stan
熱狂的なファン、推す

stalker「ストーカー」とfan「ファン」の合成語で、faveやbiasよりも熱狂的なファン。動詞の「推す」という意味もある。

使用例

I stan this pop idol.
「絶賛、このアイドルを推しています」

obsessed
沼落ち

本来は「妄想する」「取り憑かれている」という意味。推しに夢中になりすぎて沼から抜け出せなくなること。swamp（スワンプ）も同意語。

使用例

I'm obsessed with him, cuteness overload.
「彼の笑顔がかわいすぎて沼落ちした」

precious
尊い

本来は「貴重な」という意味。推しなどに使う「尊い」に当てはまる。「大切な人」という表現として、He's my precious.という言い方は昔からある。

使用例

He's damn precious.
「推しが尊すぎる」

plug
布教する

「電源」の他に「しつこく宣伝する」という意味があり、そこから推しを熱心に紹介する「布教する」という意味が生まれた。

使用例

She's always plugging her bias.
「あの子、いつも自分の推しを布教してるね」

bias wrecker
二番目に好きな推し

wreckは「破壊する」、wreckerは「破壊者」。「自分の推しを破壊して推し変となるかもしれない人」から「二番目に好きな推し」に。

#英語

すでに推し変した人は、きっかけとなった動画を#biaswreckedvideosで紹介している。

推し活#とオタク用語　アイドル編

推しのライブ以降、本格的に推し活を始めたエミコさん。ある日、アイドルファンの中で特殊なハッシュタグ（#）が存在していることを知りました。

acrylic standee

アクスタ（アクリルスタンド）

acrylic standとも言う。standeeは「立ち見客」で、擬人化した表現。実写・アニメなどの写真や画像入りはstandee、アクリル板の空ケースをstandと区別して呼ぶ人もいる。

#英語

特定グループのアクスタを投稿したい時は、#standeeの後にグループ名を入れる。

perfect All-Kill

パーフェクトオールキル

K-pop用語。韓国の主要チャートで同時刻に全て1位を獲得することをall killという。それを一定期間キープしてperfect All-Killになる。PAKと略されることも。

#英語

インスタでは#perfectallkillで韓国トップ歌手の情報が出てくる。

fan meeting

ファンミ（ファンミーティング）

K-popアイドル、K-actor、アニメ関連のイベントの名称。欧米のシンガーや俳優はこの種のイベントを行うことはないため一般的な英語としては伝わりにくい。

#英語

#fanmeeting、#fanmeetで検索するとファンミ会場の雰囲気が味わえる。

come back

新曲発表

K-pop用語で「新曲やアルバムの発表」。日本語では「カムバ」。制作期間が終わり、新曲を携えたメンバーに「おかえりなさい」という気持ちからこの語が生まれた。

#英語

特定グループの情報は#btscomebackのように、グループ名を入れて検索しよう。

アクスタはアニメのキャラクターやアイドルの写真がプリントされたプラスチック製のグッズのこと。推しのアクスタと旅行や飲食店に行って写真に収める推し活も人気。

one true

真実の

#onetruelove「真実の愛」は愛を誓うカップルの画像が出てくるが、SNSでは#onetrue7はK-popアイドル7人組のBTSを表す「真実の7人」になる。

#英語

インスタにはone trueをotと表示する#btsot7、#seventeenot13もある。

solo stan

単推し

グループの1人を推している意味で、SNS上で使われる。I stan him only.「彼だけが推し」という表現もある。「箱推し」はa fan of the whole group。

#英語

インスタでは#solostanで単推しのファンが投稿した画像が出てくる。

bias challenge

推し活チャレンジ

SNSにはさまざまなチャレンジがあり、bias challengeは推しの写真を30日間投稿するもの。インスタの#ではほとんどが韓流アイドルの投稿。

#英語

#biassingingは歌っている推し、#biaslaughingは笑っている推しを投稿する#だ。

flex challenge

ゆるい推し活チャレンジ

bias challengeをマイペースで行うこと。flexはflexibleの略で「融通のきく」。日常会話ではflex timeと略して使うこともあるが、通常はflexibleの方が通じやすい。

#英語

マイペースに推し活を進めたい時は、#flexchallengeで投稿。

binge watched

一気見した

bingeは「～しまくる」で、binge-watchedは「一気見した」という意味に。I binge-watched Netflix.「ネットフリックスで一気見した」という表現もできる。

#英語

おすすめのドラマを紹介したい時は#bingewatched。

fan art

ファンアート

ファンが描いた推しのイラストや二次創作のイラストのこと。また、I fan-arted my fav.「推しのイラストを描いた」など、動詞としても使う。

#英語

イラストを投稿する時には#fanartを使ってみよう。

推しに届けたい言葉　アイドル編

ライブの感想を友人のオリビアに伝えたいエマ。どんな言葉で伝えれば、あの時の感動を伝えられるのでしょうか？　「カッコいい!」「最強!」など、できれば推し本人に届けたい言葉もあるようです。

Swag!

カッコいい!

「カッコいい」「イケてる」という形容詞が今や名詞（イケてる人・物）や動詞としても使う。ジャスティン・ビーバーがswagを歌詞に入れたことで日常に浸透した。

使用例

Swag! Look at my fav singing!
「カッコいい!　推しが歌う姿を見て!」

FTW!

最強!

for the winの略。SNSやメールで使われるネットスラング。80年代のアメリカのTV番組が発祥とされている。単語や文章の後ろにつけることで「○○って最高」という意味になる。

使用例

BTS, FTW!
「BTS、最高!」

声援でも欠かせないのがスラング。中には、時代と共に意味が変化してスラングになったものもある。例えばwickedは、本来は「邪悪な」だったが、現在では「素晴らしい」というスラングとしても使われている。

Stunning!

素晴らしい!

意味は「気絶するほど魅力的」。stunは本来「気絶」や「気絶させる」という意味だが、SNSやメッセージではstunningの略語としても使われる。

使用例

Check this stunning new album!
「この素晴らしいアルバム、聴いてみて!」

Slay!

死ぬほどカッコいい!

slayは、元は「殺す」という意味で、「カッコ良すぎて死ぬ」のようなニュアンス。「素敵すぎて最高」という意味で使う。

使用例

My fav slays!
「推しが死ぬほどカッコいい!」

lit

楽しい

litはlight「火をつける」の過去分詞。「酒やドラッグで酔っている」の意味で使われることが多いが、若者の間では「楽しい」の意味。excitingと置き換えられる。

使用例

The concert last night was lit!
「昨夜のコンサート、楽しかった!」

GZ!

おめでとう!

Congratulations!はCongrats!と言ったり書いたりすることも多いが、オンラインの世界ではgratz!やgz!も頻出。主にチャットやオンラインゲームで使われる。

使用例

GZ for the perfect-all-kill!
「パーフェクトオールキルおめでとう!」

bop

曲がいい

モダンジャズのbebopから「踊れる(曲)」が転じて「良い曲」になった。TikTokでは「複数の異性と思わせぶりに仲良くする女子」という新しい意味も生まれている。

使用例

His new song's so bop!
「彼の新曲、最高!」

perfect reaction

神対応

英語圏の国はキリスト教徒が多く、「神」は若者でも気軽に使うことはない。そのため英語ではこのような味気ない訳になってしまう。

使用例

He always gives his fans perfect reactions.
「ファンに対して神対応してくれる」

推しへの心からの叫び　アイドル編

エマの投稿にオリビアからコメントがきました。ライブの感動と推しの尊さについて語り合いたいようです。しかし、オリビアのコメントには知らない言葉ばかりで返答することができません。

tope
イケてる

tightとdopeの合成語。一般的にはtightは「キツい」、dopeは「マリファナ」のことだが、SNS上ではどちらも「イケてる」という意味で使う人が多い。awesomeやcoolと意味は同じ。

使用例

Who's this guy? He's tope!
「この人誰？　カッコよすぎてヤバい！」

ILY (ily)
大好き

I love you.の頭文字を取ったもの。テキストメッセージの定番。youをUとしてILUと書くことも。他にもIWY(I want you.)、ILYSM(I love you so much.)がある。返答はILU2(I love you, too.)。

使用例

ILY 2 much. I'm speechless!
「大好きすぎて言葉にならない！」

SNSやメッセージでは、Yeahhhh!（元はYeah）のようにアルファベットをわざと増やして感情を表現することがある。Yeahhhh! I got my fav's pic by myself, not through trading!「ヤッターーー！　推しの写真を自引きした！」のように、大げさに気持ちを表現してみよう。

Aww...!

うわぁ…!

「うわぁ」「あーん」など、可愛くてたまらない物や人を見た時の気持ちが漏れてしまった言葉。Aw!が長くなったもの。発音はアウー。

使用例

Aww...! So cute!
「うわぁ…!　超カワイイ!」

Whoo!

キャー!

コンサートやスポーツ観戦などで盛り上がった時の歓声。Yeahhh!、All right!、Yay!、Woo-hoo!（ウーフー）、Booyah!（ブーヤー）、Yeehaw!（イーハー）などもある。

使用例

Whoo! He's cute!
「キャー!　カッコいい!」

RIZZ (rizz)

魅力

charisma「カリスマ性」がrizzmaと略され、最終的にrizz（RIZZ）となった。2023年にイギリスで新語大賞を取った言葉。リズと読む。

使用例

He has RIZZ.
「彼って魅力的」

savage

ヤバい

savage（サッヴェイジ）は本来「野蛮な」。一般的にはワイルドなカッコよさを表すが、楽曲やファッションには「衝撃的」という意味で使う。

使用例

Gee! He's savage. I'm obsessed.
「うわ～!　ヤバい!　沼る」

aesthetic

美しい、個性的

aesthetic（エスセッティック）は本来「美しい」や「審美眼」だが、SNSでは「独特の作風がある」「個性的」というニュアンスの褒め言葉に。

使用例

Your CD jacket is just aesthetic!
「アルバムのジャケット写真、美しい!」

snac

セクシーな人

snack「お菓子」から派生したスラング。snaccやsnackと書く場合も。セクシーな人、見た目がいい人のこと。男性に対しても女性に対しても使う。

使用例

You're a total snac.
「何から何までセクシーな人だね」

推しを表す#　アニメ編

ユウマは大好きなアニメキャラについて日々SNSで投稿しています。ユウマの投稿を見たアニメ好きの友人・トーマスが、アニメの検索に便利なハッシュタグ（#）を教えてくれました。

best boi

推し

boiは「マジ」を「まぢ」と書くように、敢えてboyを崩している説、boiは2次元キャラクターを表す言葉としてboyとboiを使い分けている説がある。女性の推しはbest girl。

#英語

インスタでは、#bestboiはアニメキャラ以外にも愛犬を紹介する#でもある。

digital art

デジタルアート

タブレットやPCなどのデジタル機器で制作されたアート作品全般のこと。似た言葉にdoodle「いたずら書き」がある。graffitiは「壁の落書き」を指すことが多い。

#英語

#degitalartはインスタで1.5億件以上。#doodleartは手描きアートが見られる。

日本語にはアニメ好きの間だけで使われる言葉が存在するが、英語にも同じような言葉がある。例えば「妻」のwifeを日本語風に変えたwaifu（日本語でも好きなキャラを「嫁」と呼ぶ）は、アニメ好きには知られた言葉だ。

husbando
夫

男性キャラの推し。子音で終わる語がない日本語を真似た言葉で、英語母語者が発音するとカタカナの「ハズバンド」に近くなる。

#英語

日本のアニメファンとして発信したい人たちが #husbando を使っている。

waifu
嫁

husbando 同様、日本語の音を真似た言葉。アニメキャラを「嫁」と呼ぶ人がいるが、海外にも mai waifu (my waifu) と表現する相当の日本通もいる。

#英語

アニメなどの女性の推しキャラを紹介する時は #waifu で投稿しよう。

ship
二人を推す、お似合い

relationship や partnership、friendship の ship だけを使った略語。I ship A and B. は「AとBが推し」「AとBはお似合いだ」の意味があり、状況で判断するしかない。

#英語

#ship でアニメのカップルやアイドルの仲良し画像を投稿している人が多い。

OTP (otp)
推しカップル

one true paring の略。アニメやドラマなどのカップルを指すことが多い。10代のスラングで、「推しカップル」「唯一正解カプ」と訳される。

#英語

好きなドラマ・アニメのカップルには #ship の他に #otp もピッタリの #。

spoiler alert
ネタバレ注意

spoiler は「台無しにする人」。日常会話では子供を甘やかす人の意味だが、SNS では主にネタバレを指す。「ネタバレ禁止」は no spoiler。

#英語

ネタバレしていると思われる投稿には #spoileralert が入っていることが多い。

slice of life
日常を切り取った

slice-of-life story「日常の一コマを描いた物語」のような使われ方をしていた言葉。# では「～の一コマ」「～のワンシーン」という意味になる。

#英語

#sliceoflifeanime (アニメ)、#sliceoflifemanga (漫画) もある。

オタク生活の#　アニメ編

ユウマと友人のトーマスは、日本のアニメについて話しています。ユウマは世界中のアニメファンがオタク文化に詳しいこと、独自のオタ活をしていることを知ります。

otaku activities
オタ活

日本のアニメが好きな人にはotakuが市民権を得つつある。otaku activitiesはまだ英語圏では浸透していないが、animeが完全に英語で定着したように今後海外でも浸透していくだろう。

#英語

#otakuactivityより#otakuactivities(複数形)の方が「オタ活」の英語版にふさわしい。

plushie
ぬい

キャラクターや推しを模した小さなぬいぐるみのこと。stuffieともいう。ぬいを連れて旅行に行く推し活の投稿写真(ぬい撮り)も多数。「ぬい撮り」はplushie adventure。

#英語

#plushieや#plushieadventureの他に#nuiや#nuiadventureもある。

ita bag
痛バッグ

推しの写真がプリントされたバッジやキーホルダ、ぬいで激しく装飾されたバッグのこと。SNS上では一部の人たちがita bagという言葉を使用して投稿している。

#英語

#itabagをネット検索すると、世界中のオリジナル痛バッグが出てくる。

anime masterink
アニメのタトゥー

masterは「優れた」、inkは「タトゥー」を意味するスラング。インスタでこの#を検索すると、多くの日本のアニメキャラクラーが彫られたタトゥーを見ることができる。

#英語

#animemasterinkや#animetatooで日本のアニメが描かれたタトゥーが出てくる。

SNSを見ていると、世界の人たちは日本の文化をよく知っているな…と驚くことがある。「痛バッグ」や「ぬい撮り」などは限られた世界で使われる日本語だったが、SNSの情報発信によって世界に広まった言葉だと言える。

Comiket
コミケ

Comiketは日本で行われる世界最大の同人誌即売会Comic Marketの略。ネット上ではComiketで通じる。FanimeCon (Fanime) はアメリカで行われるアニメの祭典。

#英語

コミケに参加した日は、#comiketで戦利品を自慢してみよう。

cosplay shoot
コスプレ撮影

cosplay photo shootとも言う。日本語ではコスプレする人を「レイヤー」と呼ぶが、英語では略さずにcosplayer。コスプレ撮影会はcosplay photo sessionと呼ばれる。

#英語

コスプレ写真は、#cosplayshootingや#cosplayshootと共に投稿してみよう。

figure
フィギュア

アニメフィギュアはanime figure。figureでも通じる。action figureはアニメのヒーローの人形のように手足を動かして遊ぶおもちゃのこと。

#英語

日本アニメのフィギュアは#animefigure、アメコミは#actionfiguresで検索。

AMV (amv)
アニメミュージックビデオ

anime music videoの略で、日本のアニメ映像を、音楽に合わせて自由につなぎ合わせたミュージックビデオ。インスタでは人気のコンテンツ。

#英語

AMVを作成した際は、#amvの後ろにアニメのタイトルを入れて投稿しよう。

otaku world
オタクの世界

「オタク」はotaku、nerd、geekで、otakuはアニメやゲームなどサブカル、nerdは科学、数学など学問、geekは映画、音楽、コンピュータと、対象が異なる。

#英語

インスタの#otakuworldcommunityで好きなキャラを紹介してみよう。

weeaboo
日本好き

英語圏の日本関連フォーラムでwapanese「日本かぶれ」の造語が差別用語として禁止され、代わりに生まれた言葉。「日本びいき」の意味もある。

#英語

#weeabooは「日本を評価し自国文化を下に見る」意味合いも。使う際は注意。

Column 1

禁止されている#

Instagramには使用が禁止されているハッシュタグ（#）がいくつもあります（banned hashtagと言います）。禁止されているなら使えなければいいのですが、実際は投稿できてしまうハッシュタグも多く、気づかずに使っている人もいるはずです。

使用禁止とされているハッシュタグは3種類。①猥褻（わいせつ）な内容を示す語、②差別や侮辱（ぶじょく）の意味を持つ語、③一般性が高いためハッシュタグとして意味がない語。①と②は明快です。例えば、①はsexやbitch、f-wordを含むもの。②は侮蔑（ぶべつ）語であるslut（尻軽女）やwhite power（白人至上主義）のようなヘイトスピーチにつながりそうな語です。③は意味がわかりにくいですが、InstagramやIG、そしてなぜかiPhoneも含まれます。

①と②は意図的な動機がないと使うことはないでしょう。しかし、中には思わず使ってしまいそうなものや、禁止されている理由が不明な言葉もあります。楽しかったデートの後に#dateや#kissing、盛り上がった金曜の女子会の後に#girlsonly（女の子だけ）や#tgif（Thank god, it's Friday.の略。詳細はP79）を投稿してしまいそうですが、全て禁止。#partiesや#overnight、#lose weightも#valentinesdayも同様に使用が禁止されています。

禁止ハッシュタグを使うと投稿が検索に引っかからなくなり、最悪の場合アカウントを停止されることもあります。

▷ 禁止されている#の詳細はColumn2（P80）へ

※2024年9月現在の情報です。禁止のハッシュタグは状況によって変更される場合があります。

2章・日常生活の発信と#

自撮りやグルメ、手作り料理、カフェ、スポーツ観戦、休日など、SNSで人気の投稿テーマに関する単語やフレーズ、ハッシュタグ（#）について解説しています。

自撮り投稿に最適な#

久しぶりに同級生と食事をしたエミコさん。楽しかった思い出をSNSでシェアしたいと考えました。自分が写っている写真をどのようなハッシュタグ（#）と共に投稿すればいいのでしょうか？

selfie

自撮り

selfieは、self-portrait「自撮り」のスラングとして2002年にオーストラリアで生まれた言葉。2013年にOxford English Dictionaryが、この語をWord of the yearに選んだ。

#英語

#selfieは自撮りの定番。「偶然写真に写ってしまった自分」は#meを使おう。

selca

自撮り

selfieとcameraを組み合わせたKonglish「韓国英語」。意味はselfieと同じ。似た言葉でselcamがある。インスタで韓国の友達を作りたい時に有効かもしれない。

#英語

#selcaに似た言葉で#selpicもある。自撮りを表す#は数多くある。

自撮り投稿は個人を特定されるリスクがある。安全のために、まずはスマホでジオタグ（スマホやデジカメで撮った写真にGPSで居場所を記録する機能）をオフ。そして背景に場所が特定できる写り込みがないかを確認しよう。

mirror selfie

鏡越しの自撮り

スマホのインカメラで鏡越しの自分を撮る「インカメミラーセルフィー」は韓流アイドルから流行り始めた自撮りのテクニック。

#英語

SNSでは#mirrorselfieで全身写真の投稿が多数。スポーツジムで鍛えた成果を見せるのに最適な#。

no filter

加工なしの写真

今や加工なしでポストする人は皆無だからこそ生まれた言葉。加工をしなくてもいい写真が撮れた時にはぜひこの#を。

#英語

インスタでは、no filterをもじった#nofilterneededで自然な景色や自撮りの写真が出てくる。

POTD (potd)

今日の写真

photo of the dayの略で「今日一番のシーン」という意味。今日の出来事や気分を共有したい時に。結婚式や旅行の写真が多数。

#英語

#potdで潜水艦、料理レシピといったさまざまな「今日の写真」が投稿されている。

GOTD (gotd)

今日のハイライト

gram of the dayの略で「インスタに上げるべき今日の写真」という意味。gramはInstagramの略。GOTDは写真を投稿するコミュニティー名でもある。

#英語

#gotdでギターや読書など、趣味が反映された画像の投稿が多数。

photo dump

写真を一気に投下

dumpは「放出」。投稿がご無沙汰で溜まってしまった写真や、旅行の後に大量の写真を一気に放出する時はこれを使う。インスタでは頻出の#。

#英語

#photodumpで世界中の人が自撮り画像を投稿している。

SS (ss)

日曜日には自撮りを

selfie Sundayの略。日曜日に自撮りの写真を投稿した時に使う#。定番すぎて使われる頻度が減ってきている。

#英語

#ssや#selfiesundayの代わりに#sundayvibes「日曜日の気分」を使う人もいる。

SNSでシェアしたい食べ物と#

同窓会での食事をスマホで撮影したエミコさんは、食事に関するハッシュタグ(#)がとてもたくさんあることに気づきます。一体どんな言葉を選べばいいのでしょうか？

foodie

食通

foodieは1980年代に生まれた言葉で「食通」「食いしん坊」という意味。I'm a foodie.で「私は食通」。似た意味の#で「おいしいもの好きのインスタグラマー」#delistagrammerもある。

使用例

This cafe is popular with foodies.
「このカフェ食通には人気」

delish

うまい

delishはdeliciousが省略された口語。日本語の「おいしい」よりカジュアルでやや大げさな言い方。「うまい！」といったニュアンス。

#英語

#delishの他に、delishの語源の#deliciousも、もちろん存在する。

自分が投稿したおいしそうな食事の写真を見てほしいという人は、foodが入る#で投稿しよう。#foodieやP56の#foodporn、P57の#foodreelsに#comfortfoodなど、どのSNSでも多数投稿されている。

eeeeeats
ごちそう

eの数でインパクトを狙っているSNSならではの言葉。eの数があまりに多すぎても見てもらえる#にならない。eeeeeatsの元はeats。このeatsは動詞ではなく名詞の「ごちそう」「食事」。

#英語

#eeeeeatsは見た目にインパクトのある料理の投稿にピッタリ!

buzz feast
バズったごちそう

buzzは、本来は「人が騒いでいる」「蜂が群がる」様子を表す単語で「バズる」の語源。feast(フィースト)は「ごちそう」「宴会」という意味。

#英語

#buzzfeastで、凝った照明の、プロが撮ったような美しい写真が多数。

foodstagram
インスタ映えする食べ物

food+Instagramの合成語で、「インスタ映えする食べ物」という意味。stagramはInstagramのこと。#foodstagramは料理の写真だけでなく、レシピ動画の投稿も多い。

#英語

#instafoodや#foodstagrammingも#foodstagramと同じ意味。

eating for the Insta
投稿のために食べる

「インスタに投稿するために食べる」ということ。本末転倒を自覚しながらそれを楽しんでいるのが伝わる#だ。#igeatsも同じ意味。

#英語

#eatingfortheinstaは、eatingというだけあって実際に食べている動画が多い。

breakfast of
朝食の

インスタ上には、『Breakfast of Champions』というアメリカの有名小説を模した#がある。この#と小説の内容は無関係で、朝食を投稿するための#。

#英語

#breakfastofchampionで、色とりどりの朝食の投稿が出てくる。

gourmand
グルメ

元は「大食い」という意味なので、日本語の「グルメ」とは異なるが、ネット上では「食道楽」「グルメ」のニュアンスになる。

使用例

He is the best gourmand among all my friends.
「彼が友達では一番のグルメ」

「おいしい!」の一言と#

ユウマは住んでいる街で話題のレストランを探しています。新しいレストランを開拓するために、SNSで検索をしようと試みましたが、効果的なハッシュタグ(#)がわかりません。

hangry

お腹すいた

hungryのタイプミスだと思う人もいるかもしれないが、hungryすぎてangry(怒っている)状態のこと。2018年から、権威ある辞書Oxford English Dictionaryに追加された語だ。

#英語

インスタでは#hangryで料理や食事中の人の動画が出てくる。

nom nom

もぐもぐ

nom nomは「もぐもぐ」と食べる様子を表した擬態語。nomは2、3度繰り返すのが一般的。24時間×7日間、「四六時中食べてる」という意味のnomnom24x7というスラングもある。

#英語

#nomnomや#nomnom24x7をネット検索すると、世界中の料理が出てくる。

旅行先のグルメ情報はSNS内での検索もおすすめ。P55の#goodeatsのように国名・都市名を入れて検索すると便利。ニューヨークやロサンゼルスのような有名都市は、NYCやLAなどの略語を使った#が多い。

yum yum
おいしい

yum-yumは間投詞で「おいしい!」、yummyは形容詞で「おいしい」。どちらも口語かつ幼児語だが、SNSでは多用されている。

#英語

#yumyumの他に#yum、#yumm、#yummyなど、さまざまな類似#がある。

get in my belly
腹ごしらえ

bellyは「腹部」「胃袋」。get in one's belly「腹に入れる」とは「食べる」「腹ごしらえ」。

#英語

#getinmybellyをstomach(胃)に変えた#getinmystomachもある。

bomb
おいしい

「爆弾」から転じて「素晴らしいもの」という意味。食事がおいしい時や、相手の服が素敵だと思った時に褒める言葉として使う。

使用例

This pasta is bomb!
このパスタ最高!

bussing
おいしい

bombと同じく、主に食べ物がおいしかった時、相手の服装が素敵で褒める時に使う言葉。スラングだがSNSでは頻出語。

使用例

This burger is bussing!
「このバーガー激うま!」

salivating
よだれが出る

salivaは「唾」「よだれ」。salivateは「よだれが出るほど欲しくてたまらない」。#salivatingがついている投稿写真はどれも本当においしそう。

#英語

#salivatingrightnow「今、よだれが出ている」という#もある。

good eats
おいしい食事

eatsは「食事」の口語で名詞。good eatsで「おいしい食事」、cheap eatsは「B級グルメ」。#cheapeatsもよだれが出そう(salivating)な写真がたくさん!

#英語

#goodeatsnycをネット検索するとニューヨークの料理が出てくる。

深夜に見ちゃダメ！　飯テロ#

眠れないある夜、エマは何気なくSNSを開きました。友人の投稿やおすすめに出てくる画像がおいしそうなものばかり！　深夜に見てはいけない飯テロ画像を見てしまい、さらに眠れなくなってしまいました。

foodporn

飯テロ

foodporn(フードポーン)は、食欲が刺激されるほどおいしそうな写真を表すSNS用語。#fastfoodporn、#burgerporn、#sushipornなど、食べ物+pornで新しい言葉をつくることもできる。

#英語

#foodpornは「ポルノ」が入っているが、2024年現在、インスタの禁止#ではない。

melts like butter

バターのようにとろける

「(口の中で)バターのようにとろける」という意味。とろけるバターに例えてサシがたっぷり入ったカルビ、刺身、生ハムなどの画像が投稿されている。

#英語

#meltslikebutterは、なめらかな舌触りのデザートからステーキまで何でもあり。

世界の英語話者は15億人以上と言われる。インスタの#としては食では決して王道ではない#foodcoma「食べすぎて眠い」でさえ投稿数が720万件以上。英語での投稿数に加え、食のカテゴリー範囲の広さも感じる一例だ。

Share your table.

同席歓迎

Share your table.またはShare the table.は、レストランなどで「同席する」という意味。投稿者のテーブルに同席しているつもりで楽しめる画像が出てくる。

#英語

#shareyourtable はプロが撮ったと思われる美しい写真が多く出てくる。

food in the air

空中に浮いた食べ物

Spring is in the air.は「春の気配」。美しい風景を背景に、素敵な食事を掲げている写真はin the airの「空中に」と「気分」をかけている言葉遊び。

#英語

アイスクリームやハンバーガーなど、手で持つものは #foodintheair で投稿。

food reel

料理動画

reelは映画のフィルムのこと。インスタにはreels「リール」と呼ばれる最大90秒のショート動画機能がある。動画を投稿、検索するならこれ。

#英語

インスタでは #foodreels でレシピ動画や料理を紹介する動画が出てくる。

feed feed

食事コンテンツ

feedは「食事」と「オンラインコンテンツ」の意味があるため feed feed とすると「食事のコンテンツ」という意味になる言葉遊びだ。

#英語

#feedfeedfeed や #feedfeedfeed feed などの # も存在する。

comfort food

お袋の味

comfortは「癒やし」、comfort foodはホッとする「お袋の味」「ふるさとの味」という意味。豚汁、ステーキ、ボロネーゼ、豆料理などさまざま。

#英語

#comfortfood はキャビア、クッキー、タコスなど、世界中の人々が親しみのある味を見せてくれる。

food contest

料理コンテスト

contestは「早食い競争」など、単純なルールかつ勝ち抜き戦の競争のこと。一方competitionは、複雑なルールかつ特定分野で能力を競う競争のこと。

#英語

#foodcontest は「30分でこんなに食べることができた」という早食い競争の投稿も。

手作り料理を披露する時の#

ユウマは最近、自炊にハマっています。朝ごはんやランチを作るうちに料理の腕が上がってきました。アメリカで出会った友人や同僚たちにも伝わるように手作り料理をSNS上で披露しようとしています。

viral recipes

バズったレシピ

viralは「バズった」(P18)。viral recipesはSNSならではの言葉。この#で大量のレシピが投稿されている。インスタでは#recipesも投稿数1380万と人気。検索に引っかかるためにはぜひこちらも。

#英語

インスタの#viralrecipesは注目を狙ったオリジナルレシピの投稿も多い。

bake my day

焼いてハッピー

英語のイディオム、make my day(ハッピーになる)をもじったSNSならではの言葉。人をハッピーにするのはスイーツなのか、ケーキやクッキーの投稿が多い。

#英語

オーブンで焼く手作りおやつは#bakemydayや#bakemydayhappyで投稿。

手作り料理を投稿する際は、home cookingやhomemadeを。cookingが使われていれば基本は手作り料理のことを指す。#homemadeでオリジナルレシピ動画を検索することもできる。

food inspo
ひらめき料理

inspoはinspiration「ひらめき」のこと。世界中の人がひらめいた創作料理をインスタ上でのぞける。新しいメニューがひらめいた時にピッタリの#。

#英語

インスタには、市販のクッキーにひと手間かけて#foodinspoで投稿している人もいる。

fork yeah
フォークイエイ

フォークと、テンションが上がった時のyeahを合成した語。SNSならではの言葉で、食べ物から衝撃を受けた時や手作り料理に使われている。

#英語

パスタなど、フォークが写る料理の写真と共に#forkyeahを投稿してみよう。

chef mode
シェフのやり方

chef modeは「シェフのやり方」という意味。インスタではプロのレシピが投稿されている。Facebookには同名の料理好きのコミュニティーがある。

#英語

手料理を#homemade（家庭料理）や#chefmodeon（シェフモードオン）で投稿してみよう。

gourmet chef
美食家のシェフ

gourmetはフランス語で「美食家」。日本語の「グルメ」と同意語。#gourmetchefで、ため息が出るほど美しい料理の写真や調理動画が出てくる。

#英語

手作り料理の盛り付けがうまくいったら、#gourmetchefで投稿。

dig in
召し上がれ

digは「掘る」だがdig inで「食べ始める」。勢いよく食べ始めるニュアンスだ。命令文に使うと「召し上がれ」または「食べようぜ」。

使用例

Let's dig in!「さあ食べよう！」
Time to dig in!「食事の時間だ！」

lunch prep
ランチの準備

prepはpreparation「前処理、準備」の略。その名の通り、主に調理法が投稿されている。オリジナルメニューを投稿してみるのもいい。

#英語

#lunchprepで、お弁当の準備や、手作りランチの投稿が多数。

健康的な食事を紹介する時の#

ユウマの同僚は多国籍で、健康に関するこだわりもさまざま。ベジタリアンやビーガンしか知らなかったユウマは、ものによっては和食が菜食主義の一部だと言われていることを知りました。

clean eating

健康と環境にやさしい食事

インスタント食品や加工食品を避け、自然食品を摂取することが自身の健康とより良い自然環境を維持するという信念に基づいた食事法のこと。

#英語

健康的なレシピを知りたい時は、#cleaneatingideas で検索してみよう。

Health is wealth.

健康こそが財産

英語のことわざ。wealthは経済的な「富」や「財産」。healthとwealthはealth（エルス）の発音が同じで韻を踏んでいる。ことわざには韻を踏んでいるものが多いがこれもその一つ。

使用例

I remember the popular saying "Health is wealth."「"健康こそが財産"と言うしね」

what you eat

自分が食べたもの

what you eatを使った有名な言葉にYou are what you eat.「ヒトは自分が食べたものでできている」がある。これをもじった、You are what you read.「読んだ本で人となりが形成される」も有名。

#英語

インスタでは #whatyoueat で、健康的な人々と食事が投稿されている。

Food is fuel.

食事は燃料

fuelは「燃料」。近年、食事に関して「誰とどう食べるのか」、また、Make food fun again.「食事に楽しさを取り戻そう」など熱い論争が繰り広げられている。

補足

Food is fuel. はfood as fuel「燃料としての食事」と言い換えもできる。

You are what you eatは、19世紀のフランス書物が発祥と言われ、フランスの作家が言ったTell me what you eat. I'll tell you what you are.「食べているものを教えてくれたら君がどんな人間なのかを言い当ててみせるよ」というセリフも有名。

flexitarian

フレキシタリアン

flexible「柔軟な」とvegetarian「菜食主義者」の合成語。時には肉や魚も食べる柔軟な菜食主義者。海外では一汁三菜の和食はflexitarian foodという意見も。

#英語

インスタでは#flexitarianで野菜たっぷりの栄養バランスがいい食事が出てくる。

pollotarian

ポロタリアン

polloはスペイン語で鶏。鶏肉と魚を食べる菜食主義者。英語ではpoultry(ポウルトリー)が鶏肉。英語話者にはpolloはpoultryのことだと想像できる。

#英語

インスタでは#pollotarianでジューシーな鶏肉料理が検索できる。

pescetarian

ペスカタリアン

pesceはイタリア語で魚。肉は食べないが魚介、卵、乳製品を食べる菜食主義者。国際ベジタリアン連合ではベジタリアンと認めていない。

#英語

インスタの#pescetarianの投稿には、サーモン、エビ、イカ料理の投稿が多数！

fruitarian

フルータリアン

果物が主食の人。肉、魚介、乳製品、卵はもちろん野菜も食べない。vegetarianやfruitarianのarianは「～に関連する人」で、librarian「図書館員」などがある。

#英語

カラフルで元気が出る新鮮なフルーツの画像は、#fruitarianで検索！

ovo-vegetarian

オヴォベジタリアン

ovoはラテン語で卵という意味。ovo-vegetarianは肉、魚介、乳製品は食べないが、卵は食べる菜食主義者。乳製品は食べるlacto-vegetarianもいる。

#英語

#ovovegetarianの他に、#milkfree、#nomilk、#withoutmilk(全て「ミルクなし」という意味)などの類似#がある。

lacto-ovo vegetarian

ラクトオヴォベジタリアン

乳製品と卵は食べる菜食主義者。lactoはラテン語由来の接頭語で「乳の」という意味。実は欧米ではvegetarianというとlacto-ovo vegetarianを指すことが多い。

#英語

lacto-ovo vegetarianのレシピは#vegetarianrecipeで調べるといい。

カフェで使える用語と#

エマのマイブームはカフェ巡り。憧れの韓国のカフェに行きたいけれど、今は地元のお気に入りのカフェをSNSに投稿しています。情報を効果的に発信するために、ハッシュタグ(#)にも工夫が必要です。

cafe hopping

カフェ巡り

hoppingは「あちこちへ飛び回る」という意味。cafe hoppingは2カ所以上を訪れるニュアンスがある。同意語のcafe huntingも同じ。hop-on hop-off busは「乗り降り自由なバス」。

#英語

#cafehoppingseoul(seoulは韓国のソウル)など、旅行先のリサーチに役立つ。

dessert of the day

今日のデザート

甘党ユーザーによる「今日のデザート」を紹介する#。カフェやレストランのメニューには「日替わりデザート」という意味でdessert of the dayと書かれている。

#英語

手作りお菓子や旅行先で発見したスイーツなどを、#desertofthedayで投稿しよう。

イタリアはカフェ大国として有名だが、オーストラリアも世界最大のカフェチェーンが経営権を手放して撤退するほどのカフェ強国だ。この背景には第二次大戦後にイタリア移民がエスプレッソを持ち込んだという歴史がある。

coffee shop vibes

コーヒーショップの雰囲気

vibe(ヴァイブ)という単語自体は単数でも複数でも意味は変わらない。ここではcoffee shopの雰囲気は感じ方によってさまざまなのでvibesと複数形になると考えればいい。

#英語

このカフェの雰囲気を共有したいと思ったら、#coffeeshopvibes。

but first coffee

まずはコーヒー

but first coffeeは「まずはコーヒーでも飲もうか」という朝のフレーズ。このフレーズを看板に掲げた店やマグカップもある。

#英語

#butfirstcoffeeで、コーヒーと共に平和な朝の様子を投稿してみよう。

coffeegrams

コーヒーグラムズ

コーヒーに関する投稿であれば何でもOKの#。coffee+Instagramの合成語だが、gramsはInstagramで投稿された、複数の写真や投稿を指すため、sがつくと考えればいい。

#英語

インスタでは#coffeegramsで、カフェの宣伝やコーヒーの入れ方などの投稿がある。

coffee break

コーヒー休憩

coffee breakは日常会話ではコーヒー休憩という意味。インスタでは#coffeebreakでコーヒーの入れ方や「名言」のquote(詳細はP76)が出てくる。

#英語

コーヒーを買ったら#coffeebreakで投稿してみよう。

coffee o'clock

コーヒーの時間

「お酒の時間」を表すbeer o'clock、jin o'clock、wine o'clock(詳細はP107)と同様の言葉遊び。仕事の合間や起床後のコーヒータイムなどに使える。

#英語

#coffeeoclockはコーヒーを入れる様子や飲む様子など、さまざまな投稿がある。

coffeeholic

コーヒー中毒

alcoholic「アルコール依存症」をもじったもの。coffee addicted「コーヒー依存」、coffee lover「コーヒー愛好家」も同意語。SNSでは「コーヒー好き」という軽い意味合い。

#英語

「こんなカフェに行ってきた」と報告したい時は#coffeeholicで投稿してみよう。

ワクワクするスイーツ#

エミコさんは友達とデザートバイキングへ。そして、色鮮やかなスイーツの写真を撮って、SNSに投稿しました。スイーツの投稿には個性的なハッシュタグ（#）がたくさんあります。

dessertporn

デザートの誘惑

dessertpornはfoodporn（P56）のデザート版。カラフルなケーキやアイスクリーム、チョコレートの中からスイーツが出てくるチョコドームなど、魅惑的なスイーツのためにある言葉。

#英語

かわいすぎる感動スイーツに出合ったら、#dessertpornで投稿してみよう。

sweet tooth

甘党

toothは「歯」、sweet toothで甘党の意味がある。toothが入る理由はtoothsome「おいしい」という古語から。ここでは「歯」ではなく「味覚」という意味合いがある。

#英語

#sweettoothで世界中の甘党が、おすすめのスイーツを投稿している。

アメリカでは毎年7月4日の独立記念日前にflag cake「国旗のケーキ」を見かける。大抵は国旗の青い部分はブルーベリー、赤い部分はイチゴやラズベリーで彩られているが、派手な着色料で色付けされていることもある。

dessert heaven

至福のデザート

dessert heavenは「天に昇るほどおいしいデザート」という、大げさな表現。大量のデザートに囲まれている夢のような状態という意味はない。

#英語

#dessertheavenには、パティシエ作の繊細なスイーツや、力作の手作りお菓子の投稿もある。

dessert buffet

セルフサービス式のデザート

buffet(バフェイ)は食べ放題のバイキングのことではなく、自分で食事を取ってくる「セルフサービス式」のこと。「食べ放題」はall-you-can-eat。

#英語

#dessertbuffetで、ケーキの紹介やレシピも出てくる。

pastry

焼き菓子

小麦粉にバターやショートニングなどを加えて焼いたものを指す。日本語の「焼き菓子」にあたる。読み方はペイストゥリ。

#英語

派手な最新鋭の焼き菓子は、インスタの#pastrydelightや#pastryinspirationで探してみよう。

confectionery

お菓子全般

candy、sweets、snackなどの「お菓子」とは別に、confectionery(コンフェクショナリ)という菓子類全般を表す言葉がある。日常会話で使う語ではないので「特別感」がある。

#英語

#confectioneryでは、和菓子など特別なお菓子や高級菓子が投稿されている。

dessertgram

デザートのInstagram

dessert+Instagramの合成語で、同意語にdessertstagramがある。インスタならではの言葉。スイーツの投稿をする際に迷ったら#dessertgramや#dessertstagramで投稿しよう。

#英語

#dessertgramと共に#strawberry、#recipeなど、細かい分類でも投稿しよう。

morning tea

午前中のおやつ休憩

morning teaは朝食と昼食の間に食べるおやつのこと。オーストラリア、ニュージーランドでは大人も朝10時におやつを食べる習慣がある。

#英語

インスタでは、#morningteaatwork(at workは職場)で大人のおやつ休憩を見ることができる。

憧れのライフスタイルと#

ユウマは少し広い家に引っ越しを考えています。相場を見るためにSNSでアメリカの不動産情報を検索したところ、出てきたのは豪邸の写真ばかり。現実離れした大邸宅に、思わずため息が漏れてしまいました。

room makeover
部屋の模様替え

makeoverは「模様替え」「改装」「イメチェン」。豪華な改装も多く、見ているだけで楽しい。#roommakeoveronabudget「予算内での模様替え」で検索すると現実的なアイディアが得られる。

#英語

部屋の模様替えやリノベーションをした時は、#roommakeoverで投稿してみよう。

home decoration
家の飾り付け

decorationは「装飾」。フランス語由来のdécorは「装飾全体のテーマ」、decorationは「個々の装飾」。日常会話では異なる言葉だが、SNSでは同意語として使われている。

#英語

#homedecorationではモデルルームや豪華なホテル並の投稿写真が多い。

tidy home
きれいに整った家

tidy（タイディ）は「整然とした」という意味で、tidy homeは「整頓された家」になる。tidy upは「片付ける」、clean upは「掃除をする」「整理整頓する」。

#英語

整頓された部屋は#tidyhome、整頓方法を知りたい時は#tidytipsで検索。

maximalist
マキシマリスト

maximalistはたくさんの好きなものに囲まれて暮らす人やそのライフスタイルのこと。最小限の物しか持たない、物に縛られないことをポリシーとするminimalistの反意語。

#英語

SNSの#maximalistでは、各ユーザーの好みで装飾された部屋が出てくる。

英語では、共同住宅なら、どんなに高級賃貸でもapartment（イギリス英語はflat）、共同住宅ではない豪邸をmansionと言う。SNSでも#mansionで城のような大豪邸が出てくる。アメリカには映画俳優のmansion見学のツアーもある。

how I home

私の家

How I spend time at home.「家での過ごし方」の略語。#ならではの言い回しだ。How my home is.「家の様子」という意味でも使われている。

#英語

SNSでは#howihomeで自慢の自宅を披露する投稿が並ぶ。

cozy home

快適な家

cozyは場所に関してなら「居心地の良い」「快適な」、人間関係では「親密な」という意味になる。#cozy homeでは素敵な家の写真が多数。

#英語

#cozybedroom、#cozykitchen、#cozybathroomなど、お気に入りの場所にcozyをつけてみよう。

wabisabi

おもむきのある

wabisabiはotaku、zenほど浸透していないが、日本通(Japanophile)には知られている。SNSでのwabi sabiは、和の感覚とは異なる。シンプルな風合いのデザイン。

#英語

インスタで#wabisabiinteriorsを検索しても純和風のインテリアは皆無。

vintage furniture

古くて価値の高い家具

vintageは「古くて希少価値がある」。retroは希少価値のない「昔風」、antiqueはアメリカの法律や世界貿易の基準では製造から100年経過したもの。海外でantiqueを使う際は注意が必要。

#英語

自慢の古い家具は、#vintagefurnitureで投稿。

archi lovers

建築好き

architecture(アーキテクチャ)を略してarchi(アーキ)。インスタにある造語の#artsytextureは、発音をarchitectureと似せているため英語話者には芸術的建築物だと想像できる。

#英語

芸術的な建築物は、#archiloversや#artsytextureで投稿しよう。

real estate

不動産

real estateは「不動産」。同意語でpropertyもあるが、こちらは賃貸は含まない「所有物」の不動産。private property「私有地」のような使い方をする。

#英語

城のような大邸宅にため息を漏らしたい人は#luxuryrealestateをチェック。

リアルな日常生活と#

賃貸の相場が下がりつつあることを知ったユウマは、引っ越しのタイミングを見計らうことに。とはいえ、敷金や引っ越し資金のために家計を見直して節約が必要です。SNSには節約に役立つ情報が溢れています。

save money

節約する

save moneyのsaveは「(人や動物などを)救う」ではなく「節約する」。冷蔵庫で果物を長く保存する方法やお得な買い物術など、さまざまな投稿は、どれも実にリアル。

#英語

savingsは「貯蓄額」。#savingsgoal、#savingschallengeもインスタで人気。

saving tips

節約の知恵

tipは「有益な情報」で、コツ、秘訣、ヒントなどと訳される。cooking tips「料理のコツ」、gardening tips「ガーデニングの秘訣」など、tipsの種類は無限。

#英語

#savingtipsでさまざまな節約のノウハウを投稿している人がいる。

海外生活をする際は、まずは銀行口座の開設から始まる。銀行口座はbank account、普通預金はアメリカではsavings account、残高はbalance、残高照会はbalance inquiry、暗証番号はPINと言う。普通預金は国によって言い方が異なることもあるので注意。

budgeting

節約

インスタには節約を楽しむ投稿が多い。budgetingは「予算を立てること」。節約をするというニュアンスでsaving moneyと同じ意味。

#英語

欲しい物を買う計画を立てる時や、お得にものが買えた時の投稿は#budgetingがピッタリ。

track spending

出費を追跡

trackは「追跡する」。「先月何にどれだけ使ったか」を表にした笑いを誘う投稿もあるが、節約術や資産を増やす方法なども見つかる。

#英語

節約のノウハウや家計簿に関する内容は#trackspendingで投稿してみよう。

secure the bag

お金を管理する、手に入れる

「お金の流れを管理する」または「欲しいものを手に入れる」という意味のスラング。インスタでは後者で使われている投稿が目立つ。

#英語

#securethebagsと共に子供やパートナーとの写真や買い物後の画像の投稿が存在する。

frugal

倹約的な

「倹約的な」「質素な」という意味。「完成品を買わずにDIYで作ってみた」などの倹約術や、お得な買い物術の投稿にこの語が使われている。

使用例

I got to be frugal this month.
「今月は倹約しなきゃならない」

cash stuffing envelopes

目的別管理

TikTokで有名になった言葉だがthe cash envelope systemと呼ばれる昔からの節約術。その月に使う紙幣を用途別に封筒に分けてお金の流れを管理する。

#英語

#cashstuffingenvelopesで検索すると、世界中の封筒管理術が見れる。

a little treat

小さなご褒美

ここでのtreatは「自分へのご褒美」。#monthlytreat「月イチの贅沢」はネイルサロンや食事会の画像が目立つ。rewardやprizeもご褒美。

#英語

ご褒美は世界共通でスイーツ。#alittletreatでスイーツの画像を投稿している人がいる。

休日や休暇を過ごす時の一言と#

エマは有給を取って連休を過ごしました。最終日は家でゆっくりと疲れを癒やすことに。リラックスした様子をSNSで共有する際、どのようなハッシュタグ（#）があるのでしょうか？

day off
休み

day offは主に、仕事の休みを指す。「仕事を1日休む」はTake a day off。「一週間休み」はa (one) week off、「半日休み」はa half day offと言う。

#英語

ゆっくり過ごした日は#dayoffvibes「休日の雰囲気」でリラックスした写真を投稿。

paid leave
有給休暇

給料が支払われている(paid)休暇はpaid leave。病欠はsick leave、育休はchildcare leave、産休はmaternity leaveなど、仕事の休みはleave「(その場を)離れる」を使う。

#英語

育休もpaid leaveの一つ。#paidleavenowで、育休の様子も投稿されている。

chill out
のんびりする

chillは本来は「肌寒さ」だがスラングでは「くつろぐ」。chill outは「何もせず、のんびり時間を過ごす」という意味。chillだけでも同じこと。

使用例

I chilled out in my room last night.
「昨日は部屋でのんびりしてた」

chillax
まったりする

chillaxはchillとrelaxの合成語。日常でも使う新しい造語。他にもfrenemy(friend+enemy)「友達だけど敵」、craptacular(crap+spectacular)「バカバカし過ぎて最高」などがある。

使用例

I want to chillax at the beach or somewhere.
「ビーチかどこかでまったりしたい」

アメリカでは国全体の休みはfederal（フェデラル）holiday、州の祝日はstate holidayと言う。「祝日」は他にもlegal（リーガル）holidayやpublic holidayと記載されることも。学校の休みはbreakを使うことが多い。

cozy at home

家でくつろぐ

cozy at homeの主語は人で「家でくつろいでいる」。一方cozy homeは「くつろげる家」という2語の名詞句。atのあるなしで投稿の内容が異なる。

#英語

#cozyhomeの投稿写真は主に家屋。#cozyathomeは家で過ごす家族や投稿者の写真も出てくる。

home sweet home

我が家が一番

旅行などでしばらく家を離れた時の決まり文句。本来は「粗末でも我が家に勝る場所はない」だが、SNSでは自宅自慢の意味でも使われている。

#英語

#homesweethomeで、ため息が出そうな素敵な自宅の写真を投稿している人がいる。

me time

自分時間

me timeは「自分時間」で、コロナ禍で多用された比較的新しい言葉。SNSだけではなく、雑誌や日常生活でも使われている。

#英語

自分だけのリラックスタイムを投稿する時は#metimeで発信。

holiday crazy

最高に楽しい休日

crazy holiday「楽しすぎる休日」の倒置、またはThe holiday is (was) crazy.「この休暇、楽しすぎてヤバい」の略。倒置や略す言い回しはSNSならでは。

#英語

特別な休暇は#holidaycrazyで投稿。この#には笑顔の写真が多い。

crush the mall

遊びに行く

crushは本来「ぶち壊す」「乱入する」。crush the mallは「モールに遊びに行っちゃおう」というニュアンス。crush the cafe「カフェに行く」も日常でよく使う。

使用例

A: Wanna crush the mall?「モールに行っちゃう?」

B: Nice!「いいね!」

back to reality

現実に戻る

休暇が終わって明日からまた仕事という時に、休暇先での最後の写真にこのタグをつける人が多い。笑顔もあれば憂鬱な表情もある。

#英語

#backtorealityで充実した旅行の写真がたくさん出てくる。

スポーツ観戦用語と#

近くの球場でMLBの試合を観戦したユウマ。テキサス・レンジャーズのホームゲームで球場は盛り上がり、スーパープレイを見ることもできました。この感動をSNSで投稿しています。

GOAT（goat）

史上最高の

greatest of all timeの略で「史上最高の」という意味。今ではSNSだけでなく日常でも使う。発音はゴゥトゥ。ヤギと同じつづりなのでヤギの絵文字で投稿する人もいる。

使用例

Otani is the GOAT!
「大谷、最高！」

legend

伝説の人物

legendは「伝説」の他に「伝説の人物」という意味もある。テニス、バスケットボール、野球選手からロック歌手まで、さまざまな写真が#legendでアップされている。

#英語

オリンピックやワールドカップの期間中に #legend を入れて投稿してみよう。

Go for it!

行け！、がんばれ！

応援するチームや選手が勝っている時にかける言葉。追い風ムードの中で「もっとやれ！」「このまま行け！」というニュアンスで使う。

補足

Go for it. は試合中の応援はもちろん、シーズン終盤で優勝が目前に迫ったチームへの声掛けとしても使う。

Hang on!

がんばれ！、負けるな！

応援するチームや選手が負けている時にかける言葉。水泳など、拮抗するレースやスポーツ観戦で使う。Hang in there!「諦めるな！」も同じ場面で使える。

補足

「しがみつけ」と言う意味なので、勝っている時には使わない。

スポーツは独特の言い回しが多いが、覚えてしまえばバリエーションは少ないので使いやすいはず。ただ、野球用語のホームベース、ナイター、ノック、ノーヒットノーランは全部和製英語なので注意が必要。詳細はP73のnight gameへ。

gg

いい試合だったね

チャットやテキストメッセージで使う時は、Good game.「いい試合だったね」という意味だが、#ggはK-popのgirls groupを指すことがある。

補足

「よくやった」と選手に声掛けをするならGood job! と言う。

record breaker

新記録を達成した人

breakは「壊す」「破る」で、record breakerは「記録を破った人」つまり「新記録を作った人」。音楽などスポーツ以外のジャンルにも使われる。

#英語

#recordbreakerで検索すると、世界的に有名な歌手や世界で活躍するスポーツ選手が出てくる。

trading

移籍

メジャーリーグ(MLB)は日本に比べ選手の移籍が多い。「大型トレード」は、blockbuster tradeと言い、スポーツファンの話題をさらう。

#英語

毎年、トレード期限の7月31日前はSNSが賑わう。#tradingで検索してみよう。

spring training

春の合宿

spring trainingはMLBなどで各球団がシーズン開幕前に行う練習およびオープン戦のこと。選手やチームの調子を知りたい時に使える#。

#英語

MLB情報は#springtraining2025など、西暦を入れて探してみよう。

Baseball is life.

野球は人生だ

インスタでは有名選手の写真が主だが、応援している時の自分の写真を投稿している人もいる。野球にハマってしまった人ならではの言葉。

#英語

サッカー好きなら#footballislife、バスケ好きなら#basketballislifeで投稿。

night game

ナイター

野球用語には、和製英語が多い。他にも、ホームベースはhome plate、ノックはfungo、ノーヒットノーランはno hitter、ファインプレイはbeautiful catchなどがある。

#英語

#homerunでネット検索すると大谷翔平選手の写真も出てくる。

人生を語る言葉と#

エマはある日、SNS上に亡くなった人を偲んだり、人を勇気づけたりする言葉があることを知りました。興味を持って調べてみると、人生を語る言葉が本当にたくさんあることがわかりました。

YOLO (yolo)

人生は一度きり、楽しもうぜ

You only live once.は古い英語表現だが、短縮英語のYOLOは新しい言葉。元は決断できない人の背中を押すための言葉。SNSではもっとずっと軽く「楽しもうぜ!」の意味。ヨゥロゥと読む。

#英語

人生を楽しんでいる人は#yolo、人生を変える旅行は#yolojournalで投稿。

4ever

永遠に

Luv ya 4ever.「ずっと愛してる」ののように使う。SNSでは友人や恋人との写真に#4everを見ることも多い。「さらにずっと」という意味で4を5にした5everもある。

#英語

友人や恋人との写真と共に #4ever。もっと大げさに表現したいなら #5ever。

romanticize

ロマンチックになる

romanticize（ロマンティサイズ）はromanticにize「～化する」が加えられた言葉。他にもapologize「謝罪する」、socialize「人付き合いをする」、visualize「可視化する」などがある。

#英語

充実した毎日、美しい日常を発信したい時は #romanticizeyourlife。

RIP (rip)

追悼

ラテン語のrequiescat in pace(安らかにお眠りください)の頭文字。rest in peaceはその英訳。墓石や新聞の死亡欄にもR.I.P.と記される。読み方はリップまたはアール・アイ・ピー。

#英語

SNS上で、亡くなった人を弔いたい時、偲びたい時は #RIP。

RIPは人を偲ぶ言葉だが、SNSでは大切なものが壊れた時や人に誹謗中傷をする時に使われることが多いので注意。例えば、RIP to my phone.「携帯死んだ」、RIP to you!「安らかに眠ってくれ!」などがある。

gratitude

感謝の気持ち

gratitudeは日頃からの深い感謝を伝えたい時に使われる言葉。My gratitude.と書いて感謝の気持ちを伝えるプレゼントの写真を投稿するのもいい。

使用例

I showed my gratitude to him.
「私は彼に感謝の気持ちを伝えた」

blessed

楽しい、うれしい

SNSでは、blessedはhappyやluckyのように喜びを表現する時に使われる。2014年頃に#blessedが豪華な食卓の写真と共に投稿され、SNS上で流行した。

#英語

#blessedの投稿が鼻についた人も多かったとNY Timesが報じている。

mindset

ものの見方

mindsetは価値観や考え方のこと。もとは心理学用語だが、今やSNS上にも広く浸透している。mindsetは自分の芯に関わる大切な言葉。

使用例

A positive mindset is a start.
「前向きに考えることから始めよう」

follow your heart

心のままに

「心のままに行動して」という意味。有名なことわざや著名人の言葉、文学作品からの一節などが、この#で投稿されている。

#英語

人を元気にさせる言葉を#followyourheartと共に投稿してみよう。

self-worth

自尊心

worthは「価値がある」という意味。self-worthは「自尊心」に加え「自己肯定感」と訳されることもある。artistic worthは「芸術的価値」、health worthは「健康の価値」。

#英語

#selfworth、#selfworthyで、心に響く言葉がたくさん出てくる。

Be yourself.

ありのままで

Be yourself.は「ありのままでいいんだよ」という人を元気づける時に使う言い方。I want to be myself.「自分らしくいたい」など、人生を語るのにもってこい。

#英語

#beyourselfは素敵な自分の姿を披露したい時におすすめ。

名言を投稿する時の#

エミコさんは名言集を読むことが大好き。SNSで素敵な言葉を見つけてはノートに記録しています。そのうち、名言の投稿には特有のハッシュタグ(#)があることに気づきました。

quote
名言

quoteは「引用する」。「偉人の言葉を引用する」ことから、名言はquoteという。ラテン語のquot(どれくらい多くの)が語源。

#英語

#quote、#quotes共に世界的に人気の#。さまざまな言語による投稿がある。

words of wisdom
英知の言葉

wisdomは「知恵」「英知」。また、この語だけで「先人の知恵」という意味もある。その場合はquoteよりもずっと古くからの教えといったニュアンスだ。

#英語

英語圏で古くから伝わる素敵な言葉を#wordsofwisdomで検索してみよう。

QOTD (qotd)
今日の名言

quote of the dayの略。「今日の名言」とは、日めくりカレンダーの1日に1名言のニュアンスだ。today's quoteも同意語。

#英語

英語の素敵な言葉を見つけたい時は、#qotd、#todaysquoteで検索してみよう。

inspiration
ひらめき

inspirationには「ひらめき」の他「鼓舞するもの」という意味もある。元気をもらえるポジティブな名言や、自分自身への決意の投稿も数多い。

#英語

人生の目標がある場合や、伝えたい言葉がある場合は#inspirationと共に投稿してみよう。

Action is the foundational key to all success.「行動が全ての成功への基本の鍵だ」(ピカソ)、In the middle of difficulty lies opportunity.「困難の中にチャンスがある」(アインシュタイン)など、まずは短い名言から投稿してみよう。

---

thoughts
思想

thought(単数)は「一時的な思いつき」。thoughts(複数形)は何かに対しての「思い」「意見」という違いがある。personal thoughtsで「個人的な考え」。

#英語

#happythoughts「幸せな思想」や、#innerthought「秘めた思い」も人気。

thinker
考える人

「思想家」という意味もあるが、careful thinker「注意深く考える人」、overthinker「考えすぎてしまう人」といった意味で使う場合も多い。

#英語

SNS上には、#overthinker「考えすぎ」、#freedomthinker「自由に考える人」など、さまざまなthinkerがいる。

motto
座右の銘

mottoは「座右の銘」「標語」という意味。「名言」のquoteとかぶるような投稿もあるが、インスタには漢字で「絶体絶命」なんて投稿もある。

#英語

お気に入りの言葉を見つけた時は、#quoteに加えて#mottoも投稿してみよう。

word swag
イケてる言い回し

swagなwordという意味。日常生活ではあまり使わないが､SNSでは頻出語。投稿ではf-wordを使った名文句(迷文句)が並んでいる。

#英語

SNSでは、#wordswagの投稿が世界中から発信されており、浸透している言葉だとわかる。

proverb
名言

proverbは「ことわざ」「格言」と訳される。右のsayingと意味は重なる部分があるが、proverbは人生の教訓的なメッセージも含む。

使用例

例えば、It is no use crying over spilt milk.「覆水盆に返らず」に#proverbを添えて投稿する。

saying
ことわざ

sayingは一般的に知られている「ことわざ」のこと。proverbよりも日常生活で口にするようなことわざを指すことが多い。

使用例

例えば、Time is money.「時は金なり」の一言と共に#sayingを投稿する。

詩的な曜日ごとの#

エマはSNSの投稿が曜日ごとにテーマがあることに気づきます。月曜の朝に落ち込んだり、金曜日に喜んだりするのは、世界共通だということをハッシュタグ（#）で知りました。

MM（mm）

月曜日の意欲

motivation Mondayの略。月曜が憂鬱なのは世界共通。英語にはblue Monday「憂鬱な月曜」という言葉もある。#mmは「月曜だけど頑張ろう」という思いが見える。

#英語

インスタでは#motivationmondayと共に、スポーツジムで筋トレする写真が多い。

MCM（mcm）

月曜の素敵な男性

man crush Mondayの略。月曜は素敵な男性の写真をアップするSNSならではの遊び。manとMondayは韻とは言えないが、mから始まる単語を並べた言葉遊びになっている。

#英語

男性の推しの写真を投稿したい時は、#mcmや#mancrushmondayを。

TT（tt）

変化の火曜日

transformation Tuesdayの略。語頭の子音が同じアルファベット「t」を並べた言葉。#tuesdaythoughts「火曜の考え」もtから始まる#。#tuesdayshoesday「火曜は靴の日」も言葉遊び。

#英語

#tt、#transformationtuesdayでダイエットのビフォーアフターが出てくる。

WCW（wcw）

水曜の素敵な女性

woman crush Wednesdayの略。水曜に素敵な女性の画像を投稿するSNSの遊び。ここでのcrushは「ときめいた」というニュアンス。everyday「毎日」を入れた#womancrusheverydayもある。

#英語

憧れの女性を#womancrushwednesdayや#womancrusheverydayで投稿。

日曜に関する#は#sundayfunday「楽しい日曜」、#sundaybumday「二日酔いで寝込む日曜」と韻を踏んだものや、ゆっくり読書を楽しむ#sunday reading、じっくり肉を焼く#sundayroastなどがある。

WW (ww)

水曜の智慧

Wednesday wisdomの略。「水曜日は尊い言葉を投稿しよう」というSNSの遊び。wisdomは「聡明」「智慧」など。こちらも語頭の子音wが同じ。

#英語

水曜日に写真と共に名言を投稿する時は#wednesdaywisdomや#wwを。

TBT (tbt)

振り返る木曜日

throwback Thursdayの略。「木曜は昔の写真を振り返ろう」という、SNSならではの遊び。throwbackは「投げ出す」「後戻り」の意味。

#英語

SNS上には#throwbackthursday、#tbtで古い思い出写真が投稿されている。

Friyay

やったー！　金曜だ！

Friday「金曜日」とyay「やったー」を合わせた造語。金曜を待ち侘びているのは世界共通。#friyayは笑顔の投稿が多いことが微笑ましい。

#英語

#friyayvibes「金曜の雰囲気」や#happyfriyay「楽しいフライイエイ」も金曜の楽しさを表現できる。

TGIF (tgif)

ついに金曜日

Thank god, it's Friday. の略。Thank God. は「ああ、良かった」といったカジュアルなニュアンスだが、気軽にGod「神」を口にすることを避ける人もいる。

使用例

It's been a super busy week ever! TGIF!
「超忙しい1週間だった! ついに金曜日!」

Caturday

猫の土曜日

cat＋Saturdayで「猫の土曜日」。猫と一緒に休みの日を家で過ごす人たちの投稿で溢れている。読み方はキャタデイ。

#英語

土曜に自宅で猫と一緒に過ごした時は、#caturdayを入れて投稿してみよう。

Satadate

土曜日のデート

Saturday＋dateで「土曜日のデート」を組み合わせた合成語。読み方はサタデイト。夫婦やカップルで土曜のデートをした際に使いたい#。

#英語

SNSでは#saturdateでデートを報告する投稿がある一方、デート風を装った投稿も多数。

Column 2

禁止されている#の例

禁止ハッシュタグか否かを調べるには、Instagramのハッシュタグ検索機能を利用するのが有効です。検索結果に表示されない場合は禁止されていると考えて間違いないでしょう。

英語	解説
#bang	sexの意味がある。
#boob	女性のバストの意味がある。
#single、#singlelife	出会い系のアプリへの誘導に使われたため使用NG。
#ice	かき氷を食べている写真が出てくるが、ドラッグの隠語であるため使用NG。
#edm	electric dance musicのことだが、ヌード写真の投稿に多く使われたためNG。
#desk、#brain、#book	無関係のサイトへの誘導に使われたため使用NG。
#mustfollow	強気で使ってしまいそうだが使用NG。
#alone	寂しい日の投稿でも、これは使用NG。
#follow4follow #like4like、#tag4like	使ってしまいそうな#の代表。4をforとしても使用NG。

※2024年9月現在の情報です。禁止のハッシュタグは状況によって変更される場合があります。

3章・人とのつながりが生まれる言葉と

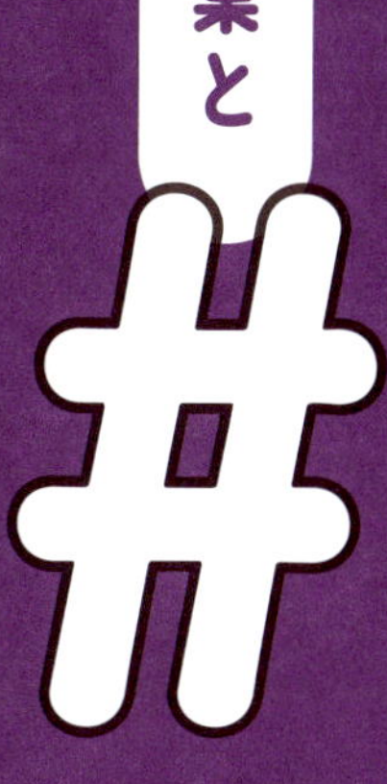

友達や同僚、家族に伝えたい言葉や、かわいいペットを表す表現、人とのつながりが深まるイベントに関する単語やフレーズ、ハッシュタグ(#)について解説しています。

友達に伝えたい言葉と#

エマの親友がオーストラリアでワーキングホリデーをするために日本を離れることになりました。子供の頃から一緒に過ごした幼なじみと離れて過ごすのは初めて。エマは親友への思いをSNSに投稿しました。

bestie

親友

bestie（ベスティ）は、best friendが短くなったスラング。10代20代の男女、または女性同士で主に使う。「恋人」ではなく「親友」、「友達」。best friend foreverと言うことも。

#英語

理想の親友像を表現したい時は#bestiegoalsという#も。

BFF（bff）

ずっと友達

BFFはbest friends foreverの略。best friends always の略語でBFAもある。どちらもテキストメッセージやSNSで使われる書き言葉のスラング。日常会話で使うことはほぼない。

#英語

写真と共に親友を紹介したい時は#bff、または#bfaで投稿。

「友達」という言葉も国によってさまざま。例えば、mate（発音はマィトゥ）はイギリスやオーストラリアでよく使われる「仲間」という意味の語で、friendよりも親しいニュアンスがある。SNSやショートメッセージではmateをm8と書く。

friends like family
家族のような友達

家族のつながりを大切にする、英語文化圏ならではの表現。like family「家族のような」とは、つまりそれほど親しい間柄ということ。

#英語

友達と楽しく過ごした日は#friendslikefamilyや#likefamilyで投稿してみよう。

Love you guys.
みんな大好きだよ

「みんなありがとう」と感謝を表す表現。カジュアルなパーティーの最後のあいさつなどで言うセリフ。Love you all! と言うこともある。

使用例

Thanks for today. Love you guys.
「今日はありがとう。みんな大好き」

homies
幼なじみ

homeboyの略語。男友達に使うことが多く「地元の友達」というニュアンスがある。「幼なじみ」はchildhood friendとも言うが、男性同士はhomiesがよく使われる。

#英語

大の親友をSNS上で紹介したい時は、#homiesforlifeを。

squad
いつも一緒にいる仲間

元々は軍隊の「分隊」。「いつも一緒にいる仲間」「趣味仲間」として若者が使い出したスラング。ビジネスの場にはふさわしくない表現。

使用例

I was with my squad last night.
「昨夜は仲間とつるんでた」

closest friend
親友

closest friedは「最も親しい友達」、best friendは「最高の友達」。どちらも「親友」と訳され同じ意味で使うことも多いが、本当はニュアンスが異なる。

使用例

He's my closest friend.
「彼は僕の親友だよ」

bro
親しい友達にかける言葉

brotherの略語で「兄弟のように親しい友達」を表す。「よお!」のように、ただ呼びかける時にも使う。女性にはsisterの略語のsisを使う。

使用例

Thanks, bro!
「ありがとな!」

会社での人間関係と#

ユウマは同僚から、日本の企業文化について質問を受けました。しかし、先輩や後輩、忘年会など、アメリカにはない文化や習慣ばかり。どのような言葉で説明すれば理解してもらえるのでしょうか？

colleague

同僚

アメリカでは職場が同じであれば地位や業務が異なる人でもco-workerだが、イギリス英語ではcolleague(カーリーグ)と言う。アメリカ英語でcolleagueは「業界が同じ人」という意味も含む。

使用例

My colleague will join the project.
「私の同僚もプロジェクトに加わります」

peer

同じ立場の仕事仲間

同じ職場で立場や地位が同じ人。特に地位が同じことを強調する場面で使われる。英語圏では元々先輩、後輩の区分けがないため、使う機会はco-workerやcolleagueの方が多い。

使用例

He’s one of my peers.
「彼は同僚のうちの一人です」

同じ職場の人はco-worker、同じ業界の人なら職場は別でもcolleague。この2つは地位や立場が違っても使うので、この点が日本語の「同僚」とは異なる。peerは立場、地位が同じ社内の人。ぜひ使い分けてみよう。

mentor
指導者

経験の浅い人に指導を行う「指導者」や「師匠」。キャリア育成以外に精神的なサポートも含む。上司や先輩という意味はない。

使用例

I used to have a mentor when I was young.
「私には若い頃、師と呼べる人がいた」

trainee
研修生

trainee（トレイニー）は仕事では「研修生」「見習い」のこと。プロスポーツでは正式な選手ではない「練習生」になる。

使用例

I'm a trainee journalist.
「私は見習いの新聞記者です」

grab lunch
ランチに行こう

grabは「つかみ取る」。実生活では食事やお酒に対して使うことも多く、お酒の場合は「一杯ひっかける」といったニュアンス。

使用例

Let's grab lunch.
「ランチに行こうよ」

wet your whistle
飲みに行こう

whistleは「笛」だが、ここでは「喉」。この表現は主にお酒を飲むことを表すが、スピーチの前に「水でも飲んで喉を潤す」として使われることもある。

使用例

Now it's time to wet your whistle.
「さぁ、飲みに行こうぜ」

last day of work
仕事納め

last day of work for the yearはクリスマス休暇前の出勤最終日。「一年を締めくくる最後の仕事」のyear-end job wrap-upという言葉もある。

#英語

年末には#lastdayofworkfortheyear、年始には#firstdayofworkfortheyearで投稿。

year-end party
忘年会

英語圏には「忘年会」「新年会」の習慣がなく、year-end partyの中に「仕事仲間との飲み会」の意味を含まず、補足が必要になる。

#英語

#yearendpartyで忘年会を紹介する際には、#withcoworkers「同僚たちと」、#grababeer「ビールを飲む」も忘れずに。

パートナーとの状況を表す言葉と#

エミコさんは、ささやかな結婚40周年のお祝いをしました。友達として出会った頃のことや連絡が取れなくなった日のこと、ケンカした時のことなど、たくさんの思い出を振り返り、SNSに投稿をしました。

LOML (loml)

愛する人

love of my lifeの略。「人生を通して愛を捧げる人」という意味。恋人や配偶者に対して使う。LOMLはSNSやテキストメッセージで使い、口頭で伝える時には略さない。

#英語

#lomlは俳優や歌手などの写真も多く投稿されている。

ick

蛙化現象(かえるかげんしょう)

ickは「相手の態度で急に恋心が冷めること」(蛙化現象)や「突然ドン引きする」というスラング。「イック」と読む。「ゲゲ」「おえ」と嫌悪感を表す言葉でもある。

使用例

His attitude gave me the ick.
「彼の態度にドン引きした」

英語では恋人や家族、子供への表現が同じことがある。dearestは「愛しい」「親愛なる」というdearの最上級。My dearest ～で「最愛の～」に。他にもloved one (P90) がある。

couple shoot
カップル写真

shootは「撃つ」ではなく、ここでは「写真撮影」。「恋人たちの写真」はcouple pic、couple selfie、couple photography という言い方もある。

#英語

#coupleshootでは世界中の恋人たちの写真が投稿されている。

living the life
リア充

肯定的に「充実した人生を楽しんでいる」ことを表す。the lifeに「最高の人生」「充実した人生」の意味が含まれる。living the best lifeも同意語。

#英語

#livingthelifeでは、ユーザーそれぞれの人生を覗くことができる。

You are the best.
最高の人

「さすが!」「すごい!」と相手を褒める時の表現として使う。感謝を表す場合もあり、Thank you. の後に続けて言うことも多い。

#英語

#youarethebestでは言葉通り「最高の人」として恋人や友人たちと映っている写真が投稿されている。

vibe check
相性確認、様子を確認

デートの際に相手の様子や気持ちを確認する時に使う。それ以外にも元気がないように見えた時や、いつもと違う雰囲気を心配して様子を尋ねる時の言葉。

使用例

Can I get a vibe check?
「調子どう?」

situationship
友達以上、恋人未満

relationship「恋愛関係」とsituation「状況」を合成したスラング。進展が状況次第の「友達以上、恋人未満」や「流れに任せる関係」。

#英語

インスタでは#situationshipで「友達以上、恋人未満」についての投稿が多数。

ghosting
音信不通

ghostは「幽霊」でghostingは「自然消滅する」「音信不通になる」。恋愛の自然消滅のほか、突然職場に来なくなることも表す。

使用例

She ghosted me.
「彼女と突然連絡が取れなくなったんだ」

LGBTQ+にまつわる言葉と#

ユウマは「オースティン・プライド」というイベントに参加しました。LGBTQ+以外にもさまざまな立場の人たちがいることを知り、新しい知識が得られたことに喜びを感じています。

LGBTQ+

性的マイノリティー全て

lesbian、gay、bisexual、transgender、questioning（自身の性がわからない、枠に当てはまらない人）の頭文字と、それ以外の＋（プラス）で性的マイノリティーを表す。

#英語

インスタでは＋や大文字を認識しないため #lgbtqplus で投稿する。

queer

性的マイノリティー全て

元来は差別的な言葉だが、現在は性的マイノリティー当事者が特徴を肯定的に捉えて使う。queer（クィア）は「性的マイノリティー全て」を表し、LGBTQ+の代わりに使うことも。

#英語

LGBTQのQはqueerとする考え方も。プライド月間は #queerpride で投稿。

SOGI

性的指向と性自認

sexual orientation「性的指向」とgender identity「性自認」の頭文字を取った語で、異性愛も含めた全ての人が持つ属性。「ソジ」または「ソギ」と読む。

#英語

インスタには #sogi が2.5万件。英語や日本語の他に多言語での投稿がある。

SOGIESC

ソジエスク

SOGIにgender expression「自身が表現したい性」のE、sex characteristics「身体的な性的特徴」のSCを加えた、より多くの性の概念を包括する呼称。

#英語

#sogiesc の他に #sogiescequalitynow「今すぐSOGIESCに平等を」という#もある。

プライド月間とは毎年6月のLGBTQ+権利運動月間のこと。日本ではLGBTQ+が浸透して間もないが、世界ではSOGIやSOGIESCのような特定の人々にのみ配慮をするのではなく、全ての人に尊重が必要だという考え方が出てきている。

ally

LGBTQ+の理解者

元来ally(アライ)は「同盟国」「支持者」。LGBTQ+の当事者に寄り添い支援する人。異性愛者で支持者のstraight allyが正式名称。

#英語

#allyで、自身が支援者であることを表明している人がたくさんいる。

FtM(ftm)

女性から男性へ

female to male「女性から男性へ」の略語。「出生時は女性だった」という表現を避けるためにMtM(male to male)を使う人が増えている。

#英語

インスタでは#ftmで430万件以上。#ftmtransgenderもある。

outing

人のことを公表する

本人の意思に反してその人が性的マイノリティーであることを暴露すること。coming outは本人による告白。意味は大きく異なる。

#英語

#outingが「外出」や「遠足」という意味で使われているSNSもある。

cisgender

身体的性と性自認が一致する人

cisは「こちら側の」という意味の接頭辞。レズビアン、バイセクシャルの人も含む。cisgender=ストレートということではない。

#英語

#cisgenderprideもあり、さまざまな人がプライドに参加していることがわかる。

aromantic

恋愛感情を持たない人

語頭のaは否定を表す接頭辞で、romantic(恋愛の)の反対語。aromantic(アロゥマンティック)は「恋愛感情を持たない人」、asexual(アセクシャル)は「性的欲望を持たない人」。

#英語

aromanticを象徴する旗があり、#aromanticを検索すると出てくる。

nonbinary gender

「男女」の性に当てはまらない人

自認する性が「男性」「女性」に当てはまらない、当てはめたくない、性自認が変わることがある、性自認がはっきりしない人のこと。

#英語

nonbinary genderは、「第三の性」third genderとも呼ばれる。#third genderの#もある。

大切な家族を表す言葉と#

ユウマは数カ月ぶりに日本に帰国し、家族との時間を過ごしました。アメリカにいる友人たちに近況報告をするため、大切な家族を表すハッシュタグ(#)と共にSNSに実家での写真を投稿しました。

loved one

愛する人

loved oneは恋人や配偶者を指すことが多いが、我が子や兄弟姉妹を指すこともある。一方でdearestやpreciousは主に恋人、配偶者を指す言葉。

使用例

Cherish your loved ones.
大切な人を大事にしなさい。

fam

家族

familyの略語。アフリカ系アメリカ人発祥のスラング。家族に限らず仲間、友人など、親しい間柄のみで使う。初対面の人やビジネスの場では使わない言葉。

#英語

#famでの投稿は主に家族写真だが、親友やペットと思われるものもある。

家族にはさまざまな形があり、英語での表現もさまざま。例えばparentは単に親という意味だが、複数形のparentsは両親を表す。ひとり親はsingle parent。foster parent(s)は育ての親という意味。

family reunion
家族や親戚の集まり

family reunionはアメリカではThanks givingやChristmasに行われることが多い。class reunionは「同窓会」、reunionは長年会っていない人たちとの「懇親会」。

#英語

年末の家族との再会は#familyunion、同窓会は#classunionで投稿。

family photo
家族写真

英語文化圏では家族全員が同じfamily photoを持ち歩いたりする。写真はかしこまったものよりも日常の姿が多い。

#英語

SNS上には#familyphotoの他にも#familypictureや#familyportraitも存在する。

family vacay
家族休暇

vacayはvacationを略した口語。日常会話では頻出語。holidayは暦の上の休日、vacayは個人が取った休暇の意味で使われる。

#英語

short trip「ちょっとしたお出かけ」やroad trip「ドライブ」の写真を#familyvacayで投稿してみよう。

happy family day
幸せな家族の日

Family Dayはカナダの多くの州で祝われる比較的新しい2月の祝日。アメリカでは時期は州で異なるが、アリゾナ州、ネバダ州でも州の祝日。

#英語

日本では祝日じゃなくても、家族写真は#happyfamilydayで投稿してもいい。

family first
家族優先

Family comes first.「家庭第一」の意味で使われる。family before friends「友達よりも家族が大切」といったフレーズもある。

#英語

インスタでは、家族旅行の写真と共に#familyfirstの投稿が目立つ。

parents' house
実家

実家は「親の家」という言い方をする。「実家に帰る」は、I'm going back home.と言う。home自体に「ふるさと」の意味合いがある。

#英語

実家に帰った時や親と写真を撮った時に#parentshouseが使われる。

子供の誕生と成長を表す#

ユウマは出産祝いのために友人宅を訪ねました。友人の子供たちと遊んだユウマは、その時の写真を投稿しようとしています。SNSには子供に関する写真が溢れていますが、投稿には注意が必要なようです。

Baby has arrived.

赤ちゃん誕生

赤ちゃんが無事に誕生したことを報告する時にThe baby has arrived! という言い方をする。親戚や友人にメールや手紙などで喜びを伝える時の定番のフレーズだ。

#英語

#babyhasarrivedで生まれたばかりの赤ちゃんの写真が投稿されている。

babyootd

本日の赤ちゃんのファッション

ootdはoutfit of the dayの略(詳細はP114)。我が子に個性的な服を着せて投稿する人は世界中にいることが見てとれる。

#英語

SNS上には#babyootdの他に、#baby photography「赤ちゃんの写真」という#もある。

かわいい我が子を披露する気持ちで投稿する人が多い一方、犯罪に巻き込まれるのを避けるために、自分の子供の写真は決してSNSにあげない人もいる。写真を投稿する際は他の人の子供が映り込んでいないか注意しよう。

maternity
妊娠中の

maternityは「妊娠中の」。「妊娠している」はI'm pregnant.やI'm expecting.と言う。シンプルにI'm with child.という言い方もある。

#英語

インスタには#maternityshootや、#maternityphotographyで記念写真を投稿する人がいる。

newborn
新生児

newbornはWHOの定義では、生後28日未満の子供のこと。newborn infantやnewborn babyとも言う。

#英語

インスタでは#newbornで生後間もない赤ちゃんとの記念写真が多数投稿されている。

little one
小さい子

littleは「かわいい」の意味合いもある。SNSでは#littleoneで愛らしい乳幼児の写真が出てくるが、恋人への呼びかけでも使われる。

#英語

#littleoneの他に#minime(小さい私)もある。「そっくりでしょ?」と言いたい気持ちが投稿から伝わる。

family look
家族コーデ

#familylookにはお揃いの服を着た親子の写真も多い。「お揃い」はmatching outfitまたはtwining。ペアルックは和製英語。

#英語

インスタには#familylookで子供のファッションの参考になりそうな投稿が多数ある。

toddler life
幼児期

toddle(トドゥ)は「よちよち歩く」。toddler(トドラ)はよちよち歩きの2〜4歳児。infant(インファント)はbabyのフォーマルな語で新生児から歩き始める前(1歳)の子供。

#英語

幼児期の成長記録を#toddlerlifeで投稿している人たちがいる。

baby shower
ベビーシャワー

出産を控えた妊婦のために家族や親戚、友人が集まって安産を願うアメリカ発祥のパーティー。オムツで作られたダイパーケーキを飾る。

#英語

#babyshowerで出席者からのプレゼントや飾りつけが投稿されている。

ペットの紹介と#

エミコさんは犬と猫を飼っています。ふとした表情や笑える行動など、ペットの写真をよりたくさんの人に見てもらいたいと思い、ピッタリ合うハッシュタグ（#）を探しています。

petstagram

ペット用インスタ

「ペットのためのインスタ」という意味。dogstagram、catstagramなどもある。ペット系で最もシンプルな#dogは投稿数約4億件。凝った名前の#と組み合わせるのも効果的。

#英語

#petstagramはペットの種類は問わない、オールマイティーな#。

daily fluff

今日のもふもふ

fluffは「綿毛」。日本語の「もふもふ」と使い方は同じだ。犬、猫、ウサギなどの写真が投稿されている。weekly fluff「今週のもふもふ」やfluffy「もふもふした」という#もある。

#英語

投稿する頻度に合わせて#dailyfluffと#weeklyfluffを使い分けてみよう。

pawrent

ペットの親

pawは犬や猫の脚で、肉球はpaw pad。pawとparentをかけた「ペットの親」「飼い主」という造語がpawrent。parenting「子育て」ならぬpawrentingという#もある。

#英語

ペットは大事な家族。#pawrentや#pawrentingで投稿してみよう。

pawsome

素晴らしい（ペットに対して）

pawとawesome「素晴らしい」をかけている言葉で、ポーサムと読む。pawやfluffy、furry「毛がふさふさした」はSNSやテキストメッセージではペットの犬や猫を表す時の頻出語。

#英語

「うちの子かわいいでしょ?」とペットを自慢したい時は#pawsomeで投稿。

日本では「#猫好きさんと繋がりたい」は有名な#。英語では「猫のふみふみ」は#makingbiscuits（ビスケット作りの工程と似ているため）、「香箱座り」は#catloafing、「喉鳴らし」のゴロゴロとperfectをかけて#purrfectという#がある。

obsessed with
～に夢中

obsessは「取り憑く」。obsessed with ～で「～に夢中」。オタクのobsessed withの例文（P37）では「沼落ち」としたが意味は同じ。

#英語

#obsessedwithpugsなど、犬種しばりの#もある。

You make me smile.
笑顔の源

You make me smile.は、「あなたは私を笑顔にする」=「笑顔の源」。笑顔になるのであれば、対象はペット以外でもOK。

#英語

#youmakemesmileはペットの他、家族や友達、俳優の写真など、笑顔の源が投稿されている。

best meow
ベストニャーオ

猫の鳴き声（ニャー）を英語ではmeow（ミィァウ）と言う。犬の鳴き声はbowwow（バウワウ）、またはwoof（ウーフ）。#bestwoofも人気の#だ。

#英語

#bestmeowは、かわいい猫を自慢したい時にピッタリの#。

cat lovers
猫好き

犬好きはdog lovers。「猫派」「犬派」はcat person、dog person。ある調査によるとアメリカでは犬派、世界的には猫派が多いとのこと。

#英語

SNS上では#catloversで、さまざまな猫の画像が楽しめる。

No dog, no life.
犬がいない人生はあり得ない

ことわざのNo pain, no gain.「苦労なくして得るものなし」をもじった表現。他にもハワイのことわざNo rain, no rainbow.やタワーレコードのNo music, no life.がある。

#英語

犬と一緒にいる充実した毎日を#nodognolifeで投稿してみよう。

doggo
いっぬ

SNSで流行したイヌを意味するスラング。日本語の「いっぬ」に相当する。実生活ではdoggyやpooch。ネコはcattoやcate、実生活ではkittyと言う。

#英語

#doggoで子犬や小型犬、困り顔の犬など、かわいい犬が満載！

結婚式での祝福の言葉と#

エマは友人の結婚式に参列しました。その時の感動をSNSでシェアしようと、投稿文やハッシュタグ（#）に使える単語を調べています。自分の結婚式はどんなスタイルがいいのか、想像が広がります。

bride

花嫁

「花婿」はgroom。「新郎新婦」はbride and groomで語順は日本語と逆。ladies and gentlemen 同様に女性を立てる文化背景が影響している。

#英語

#brideの他にも#bridetobe「近く花嫁になる人」もある。

bridal

結婚の、結婚式

bridalは「花嫁の」「婚礼の」の他に「結婚式」の意味もある。weddingも「結婚式」。marriageは「婚姻」。ただし「婚姻」でweddingを使うこともあり、意味が重複する。

#英語

#bridalで、世界中のウェディングドレスを見ることができる。

「婚約者」のフィアンセは元はフランス語。正式には男性がfiancé 、女性はfiancée 。正式な文書では区別して書かれるが、実生活ではどちらもfiancéが使われることが多い。読み方はどちらも同じ。

Just married.
結婚しました

Just married.は「今、結婚した」という臨場感があるWe just got married.を短縮した表現。一方marriedは「既婚の」という意味で、singleの対義語。

#英語

#justmarriedは幸せな結婚式を投稿するのに最適な#だ。

pre-wedding
結婚前の

pre-weddingは本来「結婚前の」という意味。この言葉に前撮りの意味はないが、前撮り写真の投稿に使われる。前撮りは正式にはpre-wedding photo shootと言う。

#英語

実際にSNSでは#preweddingで、前撮り写真が投稿されている。

reception
披露宴

receptionは公式に催される歓迎会のこと。結婚披露宴はwedding receptionやwedding banquet、結婚式はwedding ceremony、披露宴後の二次会はwedding party。

#英語

#weddingreceptionで華やかな披露宴会場が投稿されている。

best day ever
人生最高の日

best day everは結婚式で使う定番フレーズ。結婚式の他にも、思い出の日や最高に楽しかった日など、特別な日のことを言う。

#英語

#bestdayeverでさまざまな結婚式の投稿を見ることができる。

bachelor party
独身さよならパーティー

bachelor（バチェラ）は離婚歴のない独身男性。bachelor partyは結婚前に男友達で集まる独身生活に別れを告げるパーティー。

補足

bachelorの女性版はbachelorette（バチェロレッテ）。bachelorette partyもある。

happy wedding
お幸せに

「結婚おめでとう」と祝福する時の最も一般的なフレーズ。結婚式当日に本人たちを目の前に言うならHappy wedding day!

補足

祝福の言葉は、Best wishes! やCongratulations newlyweds! も定番。

誕生日に伝えたい言葉と#

オタク友達・オリビアの誕生日をSNSで知ったエマ。お祝いの言葉を送信したいと考えています。誕生日のメッセージが遅れて申し訳ないことを伝えるためにはどのような言葉をかければいいのでしょうか？

HBD (hbd)

誕生日おめでとう

happy birthdayの略語。SNSやテキストメッセージで使う。HBDAYやhappy bdayという書き方もある。略語は親しい間柄のみでの書き方。SNSやテキストメッセージ以外で使うことはない。

#英語

インスタには#happybdayや#hbdで、芸能人やスポーツ選手を祝う投稿も。

Belated happy birthday!

遅れたけど誕生日おめでとう!

belatedは行動や返事が「遅れた」。Happy birthday!に続けてBetter late than never.「遅くても何もないよりはいいよね」や、Sorry, I know it's late.「ごめん、遅れて」と付け加えることも。

使用例

Belated happy birthday! Sorry, it's late.
「遅れたけど誕生日おめでとう! ごめん、遅くて」

誕生日のメッセージが遅れた時はI missed your birthday.「誕生日を過ぎてしまった」もある。続けてI'm wishing you love and fulfillment.「あなたに愛と成功（が訪れること）を祈っている」など、温かい言葉を送ろう。

born day

誕生日

bornは「生まれた」。birthdayの代わりのborn dayという言い方は、ヒップホップなどのサブカルチャーから生まれたスラング。

#英語

インスタには#hbdの他に#borndayと投稿している人も多数。

birthday girl

バースデーガール

誕生日パーティーの主役が現れた時にHere's the birthday girl!(男性へはbirthday boy)と言う。本来は子供への言葉だが、成人に使っても違和感はない。

#英語

#birthdaygirlや#birthdayboyを紹介し、@でタグ付けしてみよう。

birthday present

誕生日プレゼント

birthday giftと言うこともあるが、親しい間柄の贈り物はpresent。giftも意味は同じだが、フォーマルな印象や立場が上から下の人へ贈るニュアンスがある。

#英語

友達からもらったプレゼントを投稿する時は#birthdaypresentを。

happy 20th

20歳おめでとう

Happy 20th birthday! は「20歳の誕生日おめでとう」、Happy 20th anniversaryは「20周年おめでとう」。後者は結婚や会社設立などの周年を祝う場合も。

#英語

#happy20thは、誕生日以外の投稿写真も少なくない。

hbd to me

自分におめでとう

SNS特有の言葉で、文字通り「誕生日おめでとう、自分」という意味。ネット上には#hbdtomeの他に、#happybirthdaytomeもある。

#英語

自分の誕生日の様子を投稿する時は#hbdtomeで発信してみよう。

a special day

特別な日

子供の誕生日や親族との再会、結婚記念日などa special dayは人それぞれ。インスタの#aspecialdayではさまざまな特別な日が投稿されている。

#英語

正月やお盆で親戚と集まった時は、#aspecialdayで投稿してみよう。

ハロウィンならではの言葉と#

エマはハロウィンの国際交流イベントに参加しました。Spooky Halloween! やPeek-a-boo! など、特有の口語やスラングが多く、初めて聞く言葉に戸惑っています。

Peek-a-boo!

いないいないばあ!

子供と遊ぶ時や人を驚かす時の言葉。仮装した姿でPeek-a-boo!(ピー・カ・ブー)やBoo!と言う。ハロウィンの言葉にはダジャレが多く、boo-tiful(booとbeautifulの合成語)も定番。

#英語

ハロウィンの仮装写真は、#peekaboo や #halloweenで投稿しよう。

trick or treat

トリック オア トリート

Treat me or I'll trick you.「お菓子をくれなきゃいたずらするぞ」を省略した言い方。No tricks, just treats!「いたずらしないからお菓子ちょうだい」という言い方もある。

使用例

Trick or treat!と言われたら、Here's your treat!と言ってお菓子をあげよう。

Happy Halloween!

ハッピーハロウィン!

ハロウィンでは定番の挨拶。Have a bloody good Halloween!「血まみれのハロウィンを!」もある。このbloodyはvery「とても」の意味と「血まみれ」の掛け言葉になっている。

#英語

#happyhalloweenに他の#を加えて投稿の目的をさらに明確にしよう。

Boo from the crew!

私たちからブー!

驚かす時のセリフ。booとcrewが語尾の「ウー」の音で韻を踏み、言葉遊びになっている。hugs and kissesに韻を踏んだbugs and hisses.も定番。bugは虫、hissは蛇のシューという音。

使用例

A: Boo from the crew!「ブー!」
B: Eek!「キャー!」

ロサンゼルスのウエストハリウッドでは、毎年10月31日の午後6時からパレードが行われる。盛り上がりは夜9時から。LGBTQ+フレンドリーのこの街では、老若男女・性的指向・人種関係なくみんなでハロウィンを楽しむ。

Halloween costume

ハロウィンの衣装

ハロウィンの衣装はwitch「魔女」、wizard「魔法使い」、werewolf「狼人間」、mummy「ミイラ」が定番。Halloween cosplay、Halloween make-upと言う。

#英語

仮装をしたら、#halloweencostumes（最後のsを忘れずに）で投稿！

How do I look?

どう？

仮装した姿を仲間に見せながら「どう？ 怖い感じになってる？」という意味合い。Do I look scary? や、Am I scary? といった言い方もある。

使用例

A: How do I look?「どう？」
B: Spooky good.「超怖い」

Spooky Halloween!

不気味なハロウィンを！

Happy Halloween! に代わる挨拶。Have a fa-boo-lous Halloween! (fa-boo-lous はfabulousとbooの合成語）や Hey, Ms. Boo-tiful! などもハロウィンならではの挨拶。

#英語

#spookyhalloween は主に飾りやグッズの投稿に使われている。

spooktacular

おどろおどろしい

spooktacularはspooky「薄気味悪い」とspectacular「目を見張るような」を組み合わせた造語でハロウィンの頻出語。Have a spooktacular night.といった挨拶も定番。

#英語

#spooktacularは仮装した犬や猫など、かわいらしい投稿も多い。

autumn vibes

秋の雰囲気

vibeはvibrationが語源の言葉で、autumn vibesは秋の心を揺さぶられるような雰囲気という意味。vibesはSNS以外でも使う。

#英語

#autumnvibesではハロウィンの他、紅葉の山や枯れ葉が散る街並みなど美しい秋の画像が多数。

zom-bae

あなたのゾンビ

zombieと大切な人を意味するbae(P36)を組み合わせた造語。Forever your zom-bae.「永遠にあなたの愛するゾンビ」のような使い方をする。

#英語

ハロウィンでゾンビに扮装したら必ず投稿したいのは#zombaeだ。

クリスマスならではの言葉と#

エミコさんはユウマからアメリカのクリスマスについて話を聞いています。クリスマスシーズンに興味を持ったエミコさんは、いつか冬のアメリカに行くことを心に決めました。

Christmassy

クリスマスらしい

Christmassyのように、英語では名詞の語尾にyをつけて形容詞にしてしまうことがある。Halloweenyも「ハロウィンらしい」というスラング。ちなみにsugary「甘い」、spicy、showyは正しい英語。

#英語

#christmassylondon「クリスマスらしいロンドン」など、撮影場所を示した#もある。

festive

お祭り気分の

クリスマス時期にクリスマス気分を表す言葉として、festive atmosphere「楽しい雰囲気」と言う。jolly「陽気な」もクリスマスに耳にする語でjolly evening「愉快な夜」のように使う。

#英語

インスタでは#festiveはクリスマス一色。サンタクロースの画像が出てくる。

Father Christmas

サンタクロース

イギリスでのサンタクロースの呼び名で、元は春を告げるケルト文化の妖精。一方、Santa Clausは4世紀に貧しい家の煙突にお金入りの袋を投げたとされるSaint Nicolasで全く異なる人物。

#英語

実際は#fatherchristmasで赤い服を着たサンタクロースが出てくる。

Ho ho ho!

サンタクロースの笑い方

Santa ClausはHahaha!でもHee Hee!でもなくHo ho ho!という独特の笑い方をする。特に子供には笑って話しかけるが、オーストラリアでは子供が怖がるのでHo ho ho!が禁止されたことも。

#英語

インスタには#hohoholidayという、クリスマス休暇をもじった#もある。

クリスマスはキリスト教の行事。アメリカでは他の宗教の人たちを気遣ってMerry Christmas! ではなくHappy Holidays! と挨拶することが一般的になりつつある。

noel
賛美歌

フランス語でクリスマス。英語では賛美歌の意味もある。フランス語話者が多いカナダではMerry Christmas! をフランス語でJoyeux Noël!と言うことも。

#英語

インスタでは#noelでクリスマスツリーがある温かみのある部屋が出てくる。

mistletoe
ヤドリギ

ヤドリギは大地に根をはらず他の木に寄生して育つ永遠の命の象徴。ヤドリギの下にいる男女はキスをするルールがある。読み方はミッソゥトウ。

#英語

インスタでは#mistletoeだけではなく#mistletoekissesも多数。

advent calendar
アドベントカレンダー

12月1日からクリスマスまでをカウントするカレンダーで、各日のポケットや扉にお菓子やおもちゃ、聖書の言葉などが入っている。

#英語

手作りのアドベントカレンダーは#adventcalendarideasで投稿しよう。

under the tree
クリスマスツリーの下

the treeはクリスマスツリー。クリスマスツリーの下にあるのは通常はプレゼントだが、私が望むのは君だけといったラブソングも定番。

#英語

#underthetreeと似た言葉で、#underneaththetreeもある。

fairy lights
イルミネーション

豆電球を連ねた装飾用の電気のこと。fairy lights(フェアリ・ライツ)を使った冬のイルミネーションは規模にかかわらずwinter lightsと言う。

補足

他にもChristmas lightsやChristmas décorなど、イルミネーションを表す言葉はたくさんある。

Christmas in July
7月のクリスマス

オーストラリアやニュージーランドで7月25日に祝うクリスマスのこと。夏に雪が降っているシドニー近郊の街で始まった。

#英語

7月25日にオーストラリアに滞在していたら、ぜひ#christmasinjulyで投稿を。

年末年始ならではの言葉と#

年越しをアメリカの友人宅で迎えたユウマ。カウントダウンが始まり、年が明けた瞬間に、周りの人たちが一斉にキスやハグをし始め、驚きの年明けを迎えました。

New Year's resolutions

新年の抱負

resolutionは「決意」。アメリカでも年末年始に新年の抱負を考える風習がある。内容は「痩せる」「運動をする」「成績を上げる」「貯金をする」などが一般的。

#英語

インスタには#newyearsresolutionsでダイエットの他に、世界平和を願う投稿も。

New Year's eve

大晦日

New Year's eveのeveは「前夜」という意味。ただしChristmas eveのeveはeveningの古語evenが短くなった語で夕方という意味がある。あまり知られていないがこの2つのeveは別の言葉。

#英語

大晦日が夏の地域もあるため、インスタの#newyearseveには季節感のない投稿も。

count down

カウントダウン

有名なニューヨークのcount downは10から0まで数え、0で声を合わせてHappy New Year! と叫ぶ。count down partyに参加する、家族と静かにhome partyを行うなど、新年の迎え方はさまざま。

#英語

年越しのカウントダウンは「新年」を入れて#newyearcountdownで投稿しよう。

holiday season

ホリデーシーズン

アメリカでは11月末のThanks giving休暇と、Christmas holidaysのこと。Christmas holidaysは12月20日頃から1月1日まで。普段は遠くに住む家族や親戚が集まり一緒に過ごすのが一般的。

#英語

#holidayseasonで夏の休暇の写真も投稿されている。

アメリカの年始は年明け早々に始まる。仕事は1月2日頃から、大学も1月2日から授業が開始されるところがある。日本では正月休みでも、アメリカではすでに通常の日々が始まっていることはあまり知られていない。

HNY

あけおめ

Happy New Yearを略したスラング。HCNYはHappy Chinese New Year「春節おめでとう」の略。英語では「今年もよろしくお願いします」という言い方がない。

使用例

HNY to you!
「あけおめ!」

Best wishes!

(幸せを)祈ります!

幸せや成功を願う時の定番フレーズの一つがBest wishes! クリスマス、正月、誕生日や記念日などのメッセージに使うことも多い。

使用例

Best wishes, は、手紙やメールの締めの言葉に使われる。

XOXO (xoxo)

キスとハグを送る

Xはキス、Oはハグを意味する。書き言葉だが、声に出すのならhugs and kissesと読む。親しい間での手紙やメールの最後に書くのが一般的。

使用例

Sweet dreams, xoxo.
「おやすみ。ハグとキス」

drink less

飲みすぎないようにね

日本では正月に昼間からお酒を飲む人もいるが、アメリカでは1月2日が仕事始めなので、drink lessを心がける必要があるのはThanks givingやChristmas holidaysだ。

使用例

I need to drink less.
「お酒を減らさなきゃ」

New Year's eve bell

除夜の鐘

欧米には除夜の鐘はない。過ぎゆく年にしみじみと思いを馳せるという文化はなく新しい年を喜びとともに迎えることが一般的。

#英語

#newyearsevebell は日本だけではなく、韓国からも投稿されている。

midnight kiss

年越しのキス

アメリカには年越しの瞬間の行動がその年の運勢を左右するという迷信があり、年が明けた瞬間に隣の人とキスやハグをする習慣がある。

#英語

#midnightkiss2025 など、西暦を入れた投稿も多い。

飲みの場で使える言葉と#

仕事帰りに友人とバーに行ったユウマ。ノンアルコールカクテルを頼もうとしましたが、no alcoholの文字はメニューから見つかりません。どのような言葉でオーダーできるのでしょうか？

Cheers!

乾杯！

乾杯音頭の定番。他にはToast! やBottoms up!「グラスの底を上げろ」やHere's to your new life!「君の新生活に乾杯」なども。Here's to以下に乾杯理由を表現できる。

#英語

特に乾杯のテーマがない時は、#cheersforlifeで投稿してみよう。

beverages

飲み物

beverageは水やお湯以外のソフトドリンク、アルコール飲料、温かい飲み物、冷たい飲み物全てのこと。drinkは水を含むこと以外はbeverageとほぼ同じ意味。

#英語

#beverageoftheday「今日の飲み物」という#もある。

vino

ワイン

スペイン語とイタリア語でワイン。アメリカでは日常会話でvino（ヴィーノ）は使わないが認知度は高い。vineは英語で「ブドウの木」。

#英語

銘柄は、イタリア産の赤ワインは#vino rosso、スペイン産の赤ワインは#vino rojoで検索。

bubbly

スパークリングワイン

bubblyは「陽気な」だが、口語では泡（bubble）を含むsparkling wineのこと。Champagne（シャンパーニュ地方産の発泡ワイン）はbubblyとは別物と言う人も。

#英語

#bubblywineや#bubblycocktailで、炭酸が入った飲み物を表現できる。

世界基準のビールのサイズにpint(パイント)がある。同じ1pintのビールの量は、アメリカは約473ml、イギリスは約568ml、オーストラリアは約570ml、インドは約330mlと、場所によってかなり差がある。旅先で注文する際は注意したい。

beer person
ビール党

犬派、猫派（P95）のようにビール党もpersonをつける。ビール党以外にcocktail person「カクテル党」、wine person「ワイン党」といった言い方もある。

#英語

ビールを楽しんだら #beerperson で投稿してみよう。

beer o'clock
ビールの時間だ！

実際に何時がbeer o'clockなのかはその人次第。ビール以外に耳にすることが多いのはwine o'clock、gin o'clock。これら以外にインスタには#rumoclockもある。

#英語

beer o'clockの#は #beeroclock になる。o'clockの「'」を外して投稿しよう。

clubbing
クラブで遊ぶ

ナイトクラブで飲んで遊ぶこと。Ladies' night、Girls' nightは クラブやバーで女性の飲み物が割引になる日。Gentlemen's nightやBoys' nightといったものはない。

使用例

Let's go clubbing.
「クラブに行こうよ」

hang over
二日酔い

drunkは「酔っ払う」。ほろ酔いを超えた状態。「ほろ酔い」はtipsyやbuzzed、「泥酔」はwasted、次の日の「二日酔い」状態はhang overと言う。

#英語

#hangoverrecoveryで、二日酔いに効く食べ物を投稿してみよう。

mocktails
ノンアルコールカクテル

mockは「見せかけの」「偽物の」。mocktailはmock cocktailの短縮語。最近流行り始めた言葉だが1930年代のイギリスですでに使われていたという説もある。

#英語

#mocktailsを投稿する際は同意語の #virgincocktailも追加してみよう。

sobriety
禁酒

「禁酒」「節酒」のこと。soberは「シラフ」または酒を飲んでいるが普段と変わらないこと。断酒会はAA（Alcoholics Anonymous）という。

#英語

インスタでは #sobrietyisbeautiful「禁酒で美しく」など、健康に関する#がある。

アウトドア用語と#

ユウマは友人に誘われ、テキサス流のBBQパーティーに参加しました。テキサスでは牛肉の塊を何時間もかけて焼く料理が有名です。初めて見る本場のBBQに、感動と興奮が止まりません。

fire up
火を点ける

アウトドアでは「料理用の火をおこす」「かまどの火をたく」の意味で使う。他には「気持ちを奮い立たせる」「エンジンなどを始動する」という意味がある。

#英語

バーベキューの様子をシェアしたい時は #fireupthegrill で投稿。

grill
焼く

肉や魚を直火で焼くこと。grill はイギリス英語。アメリカ英語では broil。roast はオーブンか直火で肉や野菜を炙ることや丸焼きで、時間をかけて調理するニュアンスがある。

#英語

自慢のバーベキュー料理をシェアしたい時は #grillmaster、#grillinfools。

bonfire
焚き火

焚き火を表す最も一般的な語。行事や祭りなどで行われる比較的大掛かりな焚き火で、アメリカの学生は夏になると週末に bonfire を囲み、ゲームなどをして楽しむ。

#英語

#campfires は調理用の小さな焚き火、#bonfires は大規模な焚き火。

pit master
バーベキューのプロ

pit は「地面に掘った穴」。太古の昔は穴で肉を焼いたことが由来と言われており、肉を焼くかまどを pit と言う。pit master はそれを管理する、日本語の鍋奉行のニュアンス。

#英語

SNS では #pitmaster でアメリカの家庭にあるバーベキューセットが出てくる。

アメリカでは各地でBBQコンテストが開催されている。テキサス州ヒューストンでは、毎年春先に世界BBQ選手権が開催され、brisket「肩ばら肉」、rib「あばら肉」、chicken「鶏肉」などの部門ごとに200以上のチームが競い合う。

camping
キャンプ

camp は大抵の場合、キャンプ場を指すことが多い。camp site と同意語。camping は「キャンプをすること」。go camping で「キャンプをする」になる。

#英語

#campingfood や #campingwithdogs など、見せたい写真に合わせた#がある。

cook out
外で調理する

cook out は屋外で料理をすること。BBQ や outdoor cooking のことを言う。eat out はレストランなどで外食をすること。使い分けに注意しよう。

#英語

大自然の中で調理をした時は、#cookoutside で投稿してみよう。

griddle
鉄板

griddle (グリドゥ) は「平らな鉄板」。grill(グリル)は「凹凸が波状の鉄板や焼き網」。「焼き網」はgrid(グリッド)とも言う。アメリカの家庭のBBQは主にこの3つの鉄板を使う。

#英語

焼きそばを焼く鉄板も griddle。#griddle で日本のBBQを投稿しよう。

charcoal
炭

炭、木炭のこと。coal も炭だが石炭を表す語でもあるので、キャンプでは charcoal という語を使う。薪は firewood、薪や炭に火をつける着火剤は firelighter と言う。

#英語

炭を使ったBBQは #charcoalbbq や #charcoalgrilling で投稿しよう。

pitch a tent
テントを立てる

pitch は「ボールを投げる」の他に「テントを張る」という意味も。put up a tent や set up a tent とも言う。大掛かりなテント設営は erect a tent と言う。

#英語

インスタでは #pitchatent でテントを立てる動画が投稿されている。

cooler
クーラーボックス

cooler box は和製英語で英語では cooler と言う。オーストラリアでは esky (エスキ)。冷房を意味するクーラーは air conditioner または AC と言う。

使用例

Don't forget the cooler!
「クーラーボックス忘れないでね!」

Column 3

SNSを使う理由

Twitter (現在はX) を始めた頃、僕はSNSについての知識が乏しく、どんなものか知るためにとりあえず登録をしたというのがTwitterを始めた理由でした。「会ったこともない人につぶやくって何を？ なぜ？」と思っていたことを覚えています。

アメリカで生まれ育った20代の僕の姪たちは「電話よりもずっと早く連絡が取れるから」「楽しいから (Just for fun, I guess.)」がSNSを使う理由だそうです。僕の仕事仲間で、フリーランスの50代の男性は「仕事を広げるため (To expand my business.)」と即答しました。

2024年に実施されたある海外の調査によると、SNSを使う理由として1位は「友達や家族とつながるため」、2位「暇つぶし」、3位「ニュース記事を読むため」、4位「コンテンツ検索」、5位「最近の話題を知るため」と公表されています。

一方、日本国内の調査(2022年)では、1位は「仕事や趣味などの情報収集」、2位「知人同士の近況報告」、3位「人とつながっていたい」、4位「自分の行動記録を残したい」、5位「写真や動画などの投稿を見てもらいたい」と、使用目的に微妙に違いが見られることがわかりました。

今や生活の一部とも言えるSNSですが、利用する理由を改めて考えてみることは、より良い活用につながるはずです。

Column4

言葉にセンシティヴであること

niggerは黒人を侮蔑（ぶべつ）する言葉ですが、黒人同士では驚くほど自然にこの語を使って呼び合っています。僕は高校生の時、この言葉をかけ合いながら笑顔で肩を抱き合っている黒人男性たちを初めて見ました。その光景は今でも忘れません。決して使ってはいけない言葉だと教えられてきたからです。もちろん今でも黒人以外は決して使ってはいけない言葉です。

本書で性的マイノリティー全ての人を指す言葉としてqueerを取り上げました。「奇妙な」「いかがわしい」という意味もあり、名詞としては同性愛者を侮蔑する差別語です。しかし近年、性的マイノリティーの人々が自身を肯定的に表現する言葉としてqueerを使い、ハッシュタグとしても投稿しています。queerはLGBTQ+に代わる言葉としても使われ始めています。しかし当事者以外、使いにくいことには変わりありません。

出生時は女性だったけど男性に変わったという意味のFtMに代わり「いや、生まれた時から私は男性だった」という意味でMtMが使われ始めていることを本書でも取り上げました。当事者にとって「出生時は女性だった」という言い回しが本意ではないその理由は、当事者でない僕にとって、ハッとさせられるものがあります。言葉で人を傷つけないために、どんな言葉を使う時にもセンシティヴでありたいと思います。

Column5

クリスマスって何の日？

突然ですが、クリスマスは何の日かご存知ですか？「イエス・キリストの誕生日」と答えた人、多いのではないでしょうか。実はイエスが生まれた当時、ユダヤの法律では誕生日を記録することが定められていませんでした。西暦1年はイエスが生まれた年ですが、イエスの誕生日はわかっていません。聖書にもその記載はありません。クリスマスは、実はイエスの誕生日ではなく、イエスの誕生を祝う日です。

知り合いが、海外では年明けを過ぎてもクリスマスツリーが出しっぱなしでlazy（怠惰）だと思っていたと言っていました。日本では元旦が大きな意味を持つ日であるため、クリスマスツリーは、12月26日の朝には、どのデパートのショーウィンドウからも消えています。しかし、キリスト教徒が多い欧米や南米の国々では、元旦の夜も街のあちこちでクリスマスツリーがキラキラと光っています。

実はそれは怠惰だからではなく、イエスの誕生を祝う宗教的な意味でのクリスマスが12月25日から1月6日までの12日間だからです（カトリック教国である南米では、更に長く2月2日までの国もあります）。身近なイベントのようでも日本では意外と知られていない、しかしキリスト教国の人々にとっては大切な、クリスマスの情報をお伝えしました。

4章・美容・健康に関する

ファッションやスキンケア、ダイエットや筋トレなど、SNSでよく投稿される美容や健康に関する単語やフレーズ、ハッシュタグ(#)について解説しています。

今日の服装をシェアする最適な#

エマはエミコさんの素敵なファッションをSNSでシェアしたいと思っています。一体どんなハッシュタグ（#）で投稿すれば、よりたくさんの人に見てもらえるのでしょうか？

OOTD (ootd)

今日のコーデ

outfit of the dayの略。outfitは「着ているもの全部」。「頭から足先までの一式」の意味で日本語の「全身コーデ」に近い。clothesには、帽子や靴は含まれない。

#英語

日中に撮影した服装は#ootd、夜は#ootn (outfit of the night) で投稿。

KOTD (kotd)

今日の靴

kicks of the dayの略。kicksは、スニーカーを意味するスラングだが、革靴やハイヒールをkicksと呼ぶ人もいる。サンダルやブーツは含まれない。

#英語

#wdywt (What did you wear today?「今日は何を履いていた？」) はスニーカー好きにおすすめ。

fashionは「洋服などの流行」。in fashionで「流行っている」。trendも「流行」だが、対象は服に限らない。fadはその時だけの「一過性の流行り」という意味。微妙にニュアンスが異なるので、使い分けをしよう。

style
（服装の）スタイル

英語のstyleに体型の意味はない。#styleは、生き方や価値観に加え、着こなしの流儀を表している。「こんな服で自分を表現している」というニュアンスの投稿もある。

#英語

#styleは6億件以上。投稿が埋もれないように#jacketや#kicksなども加えよう。

inspo fashion
エモいファッション

inspo（インスポ）はinspirationの略で、SNSのスラング。inspirationは、「刺激」「ひらめき」だが、inspoはそこから発展して「エモい」「グッとくる」の意味で使われる。

#英語

「こんなファッションどう?」と問いかけたい時は#inspofashionで投稿しよう。

must-haves
マストアイテム

must-haveは絶対に持っていたい「マストアイテム」。「手に入れたい」という意味で使う場合もある。複数形の#musthavesではファッション系の投稿が多い。

使用例

must-haves for camping「キャンプのマストアイテム」などジャンルを問わず使える。

fit
コーデ、健康的な

fitはoutfit「全身コーデ」を略したSNSでのスラング。複数形のfitsは名詞の「コーデを合わせた服」。fitは「健康的な体型の」という意味もある。

使用例

my new spring fit「今春のコーデ」
She's fit.「健康的な体型だ」

moda
流行

イタリア語で「ファッション」。ファション雑誌ではalta moda（イタリア語でオートクチュール）が頻出語のため英語圏の人には馴染みがある。

#英語

modaは日常会話では使われないが#modaのニュアンスは伝わる。

millennialcore
ミレニアルスタイル

millennials「ミレニアル世代」（1981～1996年生まれ）とcore「グループ」の合成語で、その世代のファッションやユーモア、デザイン、行動などを指す。

#英語

Z世代がミレニアル世代を茶化して#millenialcoreを使うこともあり、使用には注意が必要。

和製英語だらけのヘアスタイル用語

ファッションに続き、ヘアスタイルについて投稿したいエマ。しかし、今まで英語だと思っていたのは全て和製英語でした。英語ではどのような言葉を使うのでしょうか？

straight hair

ストレート

話題が髪型であればstraightでも通じるが、正式にはstraight hair。アメリカではストレートパーマや縮毛矯正は日本人や他のアジア人が経営するヘアサロンの技術が評価されている。

#英語

縮毛矯正は #frizzyhair（フリズィーヘア）や #japanesestraightening。

bob haircut

ボブ

bob haircutは耳から肩までの長さのストレートヘア。英語ではbobだけでは髪型だと認識されない。bob haircutやbob hairstyleと言う。「長めのボブ」long bobはlobで通じる。

#英語

前髪ありのボブの写真を投稿する時は #bobwithbangsで伝わる。

hidden highlight

インナーカラー

hiddenは「隠れた」。peek-a-boo hair color、underlayer hair colorもインナーカラーのこと。highlightは「明るい色に染めること」だが、スポーツの試合でのクライマックスの意味もある。

#英語

#highlightではヒットしにくい。インナーカラーは #hiddenhighlightで投稿しよう。

bangs

前髪

イギリス英語ではfringe。眉上で短く揃えたbetty bangs、7:3でサイドに流すのはside bangs、耳までの長さの前髪を分けるcurtain bangs、前髪のセンター分けをlayered bangsと言う。

#英語

前髪ありの髪型にしたいと思ったら、#bangstyleで検索してみよう。

インナーカラーやベリーショートなど、髪型に関する言葉は和製英語が多いので注意しよう。話題が髪型のことだと共通認識があれば、straightやbobでも文脈によっては通じることがある。

bowl cut

マッシュルームカット

mushroom cutでも伝わるが、bowl cut(ボウル・カット)の方が一般的。bowlは「お椀」「どんぶり」、それを逆さにした髪型というイメージ。

#英語

#bowlcutswag「イケてるマッシュルームカット」という#もある。

pixie cut

ベリーショート

pixie cut(ピクスィー・カット)は、髪全体が短い男の子のような女性の髪型。話題が髪型だと限定されていればextra short「特に短い」でも通じる。

#英語

男性の短い髪型は#undercut「刈り上げ」や#buzzcut「丸刈り」など。

medium length

ミディアムヘア

英語ではmedium length hairなど、length「長さ」を説明しないと、何がmedium「中程度」なのか伝わらない。ただしlong hairやshort hairにはlengthは不要。

補足

ミディアムヘアは他にもmedium-length hair style、medium-length haircutと言う。

curly hair

巻き髪

curly hairは強いパーマがかかった巻き髪のこと。wavy hairは緩めのパーマがかかった髪型。天然パーマはnaturally curly hairやnaturally wavy hairと言う。

#英語

SNS上には、巻き髪写真の投稿用に、#curlyhaircommunityがある。

hairdo

髪型

hairdo(ヘアドゥ)は「髪型」。braids「編み込み・三つ編み」、bun「お団子」、side parted「七三分け」など、この#でさまざまな髪型が投稿されている。

#英語

#hairdoに#bunや#braidsなど、具体的な#を追加してみよう。

bald

髪がない

bald(ボールド)は髪が生えない状態のことで、髪を剃っているならshaved head。「脱毛症」はalopecia、「10円ハゲ」はbald patch。

#英語

skin-headや#skinheadはギャングや人種差別主義者を表す。使用には注意が必要。

海外のスキンケア事情と#

慣れない海外の気候と水で肌が荒れてしてしまい、化粧水とパックを購入したいユウマ。しかし英単語が出てこず、イメージ通りのスキンケア商品を見つけることができません。

lotion
化粧水

lotionは液状のもの全般。「目薬」はeye lotion、「保湿用化粧水」はface lotionやbeauty lotion、tonerは「拭き取るタイプの化粧水」など、微妙に意味が違う。

#英語

日本製の保湿用化粧水は#facelotionや#beautylotionで特徴が伝わる。

serum
美容液、セラム

アメリカでは洗顔後すぐにserumを塗る人が多く、ドラッグストアではserumと書かれた商品が多い。塗る順番はserumの次に「保湿クリーム」moisturizerを塗ることが多い。

#英語

#serumの他にも、#faceserumや#skinserumで検索してみよう。

glowing skin
ツヤ肌

glowは「輝く」。「顔が火照る」という意味もあるが、肌に対しては「色艶が良い」。加えて「幸福感」の意味もあり、ポジティブな文脈で使うことが多い。

補足

類似語にglowing words「褒め言葉」やglowing review「高評価レビュー」がある。

skincare routine
スキンケアルーティーン

routineは一連の決まった方法や行動のことで、skincare routineは洗顔→美容液→保湿クリームなど、一連の流れを表す。一時期SNSで流行ったmorning routineは朝の一連の行動や朝の日課という意味。

#英語

#skincareroutineは、おすすめの商品を紹介したい時にも使える。

アメリカでは日本のように化粧水や乳液を使うことは少ない。toner「拭き取り化粧水」やserum「美容液」、moisturizing cream「保湿クリーム」、vitamin C derivative「ビタミン導入剤」などが売られている。

MOTD (motd)

今日のメイク

makeup of the dayの略。「化粧をする」はput on makeupと言い、「化粧した状態」はwear makeup。I'm putting on makeup.は化粧をしている最中になるので注意。

#英語

#motdの他に「今日のスキンケア」#scotd (skincare of the day)がある。

skincare tutorial

スキンケアの解説

tutorialはやり方を指南する、動画も含む指導書のこと。似た語にtipがあるが、こちらは「コツ」や「ちょっとしたアドバイス」という意味。

#英語

メイクのやり方を動画などで学べる#makeuptutorialもある。

facial mask

フェイスパック

「フェイスパック」はfacial maskが一般的。face maskとも言うが、風邪の時につけるマスクやスポーツ用、医療用のマスクのことも指す。

#英語

#facialsheetmaskは「シート状のパック」。#facialmask同様、商品の宣伝に使われることが多い#。

emulsion

乳液

乳液はemulsion(イマゥシャン)やmilky lotionだが、メーカーによってはlotionで乳液を指す場合もある。肌に潤いを与えるものはmoisturizer。

#英語

emulsionは粒子が残った乳白色の液体。インスタの#emulsionにはドレッシングやソースの画像もある。

face wash

洗顔料

face cleanser(フェイス・クレンザ)やface washing foam(foamは泡)とも言う。アメリカではメイク落としと洗顔料が一体型の商品が多い。

#英語

洗顔のタイプ別に#facewashinggelや#facewashingsoapなどもある。

natural skincare

自然派のスキンケア

naturalは「天然の」。「自然由来のものを使った」という意味がある。化学物質を使わず有機栽培が原料のものはorganicと言う。

#英語

皮膚だけでなく環境にも優しいものは#organicskincareで投稿。

食事制限ダイエットと#

アメリカ生活でお腹まわりが気になってきたユウマは、食事制限でダイエットを始めることに。一人では続けられず、SNSで同僚や友人に成果を報告してモチベーションを保っています。

put on weight
太る

「体重が増える」という意味。見た目の印象ではなく、体重の数字から遠回しに「太った」と言う時に使われる。gain weightも同様。get fatは逆に体重ではなく見た目が「太る」ということ。

使用例

A: Did you put on weight? 「太った?」
B: I got fat.「太っちゃった」

on a diet
ダイエット中

dietは「毎日の食事」。この語自体に「減量」「痩せる」という意味はない。I'm on a diet.は「食生活に気をつけることで健康管理、体重管理をしている」という意味。

#英語

健康におすすめのメニューがあれば、#dietfoodでシェアしよう。

lose weight
体重を減らす

weightは「体重」で、lose weightは「体重が減る」。一方、外見が痩せた様子はslim down「細くなる」、get thinner「より細くなる」と言う。

#英語

インスタには「今すぐ体重を減らそう」という意味の#loseweightnowがある。

body weight
体重、自重

body weightは「体重」だが、SNS上では#bodyweightでbody weight training「自重トレーニング」が紹介されている。「自重トレーニング」はcalisthenics(詳細はP127)とも言う。

#英語

#bodyweightでは自重トレーニングのレクチャー動画が多数。

日本語のダイエットは、食事制限や運動を含めた痩せること全般を指すが、英語のon a dietには運動をして痩せるという意味は含まれない。ダイエットについて英語で投稿する際は、使い分けに気をつけよう。

beer belly

ビール腹

beer bellyのbellyは「腹」で日本語のビール腹と全く同じ言葉。他にもpot bellyという言い方がある。pot「壺」のように膨らんでいるという意味。

#英語

SNS上には#beerbellygone「ビール腹が消えた」というダイエット成功を表現した#もある。

cheat meals

チートミール

cheatは「不正を働く」で、カンニングや浮気をするなどの意味もある。cheat mealは食事制限中に一時的にルールを破って食べる食事のこと。

#英語

#cheatdayeats「ダイエットをサボった日の食事」も同意語。

strict diet

ストイックな食事

strict(ストリクト)は「厳しい」、strict dietは「ダイエット用の厳しい食事」という意味。ストイックと発音するstoicは「無感情」「無表情」で、英語では意味が異なる。

#英語

食べたい日は「食事制限は明日から」#strictdietstartstomorrowで投稿。

life without booze

アルコールなしの生活

booze(ブーズ)はスラングで「酒」という意味で日常会話では頻出語。You want some booze?「お酒でも飲む?」のように使う。

#英語

インスタにはboozeをalcoholに変えた#lifewithoutalcoholもある。

fat-free

脂肪なし

このfreeは「含まれない」という意味。fat-freeの他にもsugar-free「無糖の」やcarbohydrate-free「糖質ゼロの」、gluten-free「小麦粉不使用の」がある。

補足

low-fat「低脂肪」、low-sugar「低糖」、low-carb「糖質オフ」もダイエットに重要な言葉。

road to healthy

健康になるまでの道

road to being healthyを短くした言い方。road toはroad to happiness「幸せへの道」、road to fame「名声への道」のように使う。

#英語

ダイエット前と後の比較を見せたい時は#roadtohealthyで投稿。

筋トレの基本用語と#

食事制限ダイエットで健康に意識を向けたユウマは、スポーツジムに通うことに。初日はトレーナーと共に基本的な運動を体験し、筋トレに関する言葉を覚えていきます。

workout

体を鍛える運動

workoutは体を鍛える筋トレや有酸素運動を表す名詞。work outで動詞の「運動をする」になる。I work out at the gym every day.「私は毎日ジムで運動している」のように使う。

#英語

体力づくりの筋トレは #workout、走る・歩く運動は #exercise で投稿。

fitness

体の健康

「(運動によって) 健康な状態」。本来のfitnessに「運動」の意味はない。fitは「健康な」。I'm fit because I jog every day.「毎日ジョギングをして健康だ」のように使う。

#英語

運動をした後は #fitness で健康な毎日をシェアしよう。

英語の筋トレ用語はP123のabs「腹筋」の他に、「背筋」back muscleや「胸筋」pectoral muscleも覚えておきたい。squat down「しゃがむ」やsquat up「立ち上がる」、sit-ups「腹筋運動」もスポーツジムでは頻出語。

pre-workout
運動前の

preは「前の」という意味。pre-workout supplement「筋トレ前に飲むサプリ」やpre-workout drink「筋トレ前の飲み物」のように使う。

#英語

#preworkoutの対義語でpost「後の」を使った#postworkout「運動後の」という#もある。

warm-up
準備運動

warm-upは「体を温める準備運動」。準備運動で行う「筋を伸ばす」はstretch muscles、「屈伸」はbending and stretchingと言う。

補足

他にもbend one's knee(s)「膝を曲げる」やstraighten up「伸ばす」など、関連用語は多数ある。

cardio
有酸素運動

cardioは、cardio exerciseやcardio workoutを短くした言葉。有酸素運動はaerobic(エロゥビック)とも言う。無酸素運動は「無」「非」のanをつけてanaerobic exercise。

#英語

有酸素運動のやり方は#cardio、#aerobicで検索してみよう。

abs
腹筋

abdominal muscleが正式名称。日常会話ではabs(アッブス)。6つに割れた腹筋はsix pack absと言う。6つで1セットと捉えるためsix packのpackは単数形になる。

#英語

腹筋を鍛える方法を知りたい時は#absworkoutで検索してみよう。

lack of exercise
運動不足

lackは「不足」。「運動不足を解消する」はsolve my lack of exerciseやaddress my lack of exercise。似た言葉でout of shape「体がなまっている」「体調が悪い」がある。

使用例

out of shape due to lack of exercise
「運動不足で体がなまっている」

muscle pain
筋肉痛

sore muscle(ソア・マッソゥ)とも言う。painは心や体の強い痛み。soreは肩こりや傷の痛みにも使う。I'm sore.で「私は筋肉痛だ」になる。

#英語

筋肉痛の回復方法を紹介する#musclepainreliefという#がある。

筋トレのモチベーションと#

スポーツジムで仲間ができたユウマ。招待してもらったSNSの筋トレコミュニティーで、大量の自撮り投稿を見てビックリ！　どうやら新しい世界に足を踏み入れてしまったようです。

gains
筋肉

名詞のgainは「増加」「獲得」に加え「筋肉」の意味もある。get gainsで「筋肉をつける」。この意味を載せていない辞書は多いが、ジムでは誰もが使う表現。

#英語

SNS上には#gainsgainsgainsという#もある。

beast mode
野獣モード

アメフト選手のあだ名やeスポーツの情報メディアの名称。インスタでは「野獣のようにエネルギー全開で筋トレをする」というニュアンスで使われている。

#英語

ハードな筋トレを披露したい時は#beastmodeで投稿。

fitness motivation
健康への意欲

motivationは「やる気」「意欲」。同意語のinspiration「やる気」が入った#fitnessinspirationsもSNS上に存在する。#gymmotivationや#gyminspirationも同意語として使われている。

#英語

SNS上には#fitnessmotivationで、トレーニング動画の投稿が多数。

fitness journey
体づくりの旅

SNS上の言葉で、この#にも鍛えている人たちの自撮り画像が多数。筋トレガチ勢なら#fitnessjourneyを通して世界中の筋トレマニアから良い影響がもらえるはず。

#英語

#myfitnessjourneyは「私なりの」というニュアンスがあり、ゆるい感じの投稿が多い。

SNSでの投稿は食事やスイーツ、オタ活などが目立つが、筋トレをしている姿も人気トピック。Instagramではモチベーションを保つために、スポーツジムでその日の成果をmirror selfie（詳細はP51）して投稿する人たちがいる。

fit fam

健康的な仲間

fitはfitness、famはfamilyの略語。SNSやメッセージで使う。#fitfamでは、モチベーションを高める目的で筋トレしたことを報告し合う投稿が多数。

#英語

#fitfamuk(UKはイギリス)と、国名や都市名を入れて仲間を探すこともできる。

gym selfie

ジムでの自撮り

SNS上では#gymselfieと共に、「鏡越しの自撮り」(P51)の投稿が多い。筋肉自慢したいことが直接伝わる#で、投稿内容には独自の世界観がある。

#英語

筋トレの成果が出てきたら、#gym selfieで報告し合おう。

strength training

ウェイトトレーニング

strengthは「力」「強さ」。ベンチプレスやダンベルなど、力が必要な筋トレ。weight trainingやresistance training (resistanceは「筋肉の反発」)とも言う。

#英語

筋トレの仕方を学びたい時は、#strengthtrainingで検索。

legs day

脚の日

トレーニングの日を、体の部位ごとに分けることで生まれた語。arm day(腕)、chest day(胸)、back day(背中)、shoulder day(肩)などもある。

#英語

#chestdaybestdayなど、韻を踏んだダジャレ風の#もある。

don't settle for

甘んじるな

settle forは「妥協する」。Don't settle for less.「不満足な状態で妥協するな」は決まり文句。Don't settle for average.「平均に甘んじるな」という表現もある。

#英語

#dontsettleforaverageは筋トレにハマった時にピッタリの#だ。

discipline

修行

discipline(ディサプリン)は「規律」や「鍛錬」という意味もあり、trainingやpracticeよりもずっと厳しいトレーニングというニュアンスがある。

#英語

#disciplineでプロスポーツ選手による投稿も出てくる。

日常のエクササイズと#

テキサス州のオースティンに長期出張中のユウマ。近所の公園を散歩していると、そこにはジョギングやサイクリング、ヨガや軽い筋トレなど、たくさんの人が運動を楽しんでいます。

walking exercise
ウォーキング

walkingは「健康のために歩く」。walking exerciseだと目的がより明確に伝わる。「ウォーキングをする」はtake a walkやdo walking。walkは「散歩をする」の意味でも使われる。

#英語

インスタには#walkingforhealth「健康のために歩く」という#もある。

cycling
サイクリング

運動のために自転車に乗ること。go cyclingは「サイクリングをする」。cycleのみで「自転車に乗る」「自転車で旅行する」という意味がある。

#英語

インスタの#cycling、#gocycling、#cycleでは、自然の中、街の中を走る自転車の画像や動画が出てくる。

jogging
ジョギング

「ジョギングをする」はjogまたはgo for a jog。jogには「健康の目的でゆっくり走る」の意味が含まれておりwalkやcycle同様、単体で目的や行動が伝わる。

#英語

インスタでは#joggingtimeで走行距離を報告している人たちがいる。

parkrun
パークラン

イギリス発祥の健康習慣を広めるためのジョギング及びウォーキングイベント。毎週土曜の朝に世界各地で開催されている。観覧やボランティアとしても参加できる。

#英語

#parkrunukなど国名を入れて検索すると、世界のparkrunが見れる。

海外にも外で運動している人がたくさんいる。例えばロサンゼルスのベニスビーチは筋トレする人たちが集まる場所として有名(通称マッスルビーチ)。公園では野外ヨガや無料ダンス教室を開催している地域もある。

yogi
ヨガをする人

ヨガはインド発祥の修行法。現代のヨガは宗教色を排したエクササイズで本来のものとは別物。yogiはヨガをする人、yoginiはヨガをする女性を指す。

#英語

難易度にかかわらず、インスタの#yogiでさまざまなポーズの投稿がある。

inhale and exhale
息を吸って吐く

inhale（インヘイゥ）とexhale（エクスヘイゥ）は医者が聴診器をあてる際に患者に言う言葉だが、ヨガでも必ず使われる言葉。

#英語

#exhalenegativityなど、インスタでは嫌なものを吐き出すという意味でもexhaleが使われている。

calisthenics
自重トレーニング

calisthenics（キャリスセニックス）は自分の体重を使ったトレーニング。push-ups「腕立て伏せ」、chin-ups「懸垂運動」、handstand「逆立ち」などが含まれる。

#英語

SNSでは#calisthenicsで、トレーニング方法が投稿されている。

trekking
トレッキング

山を歩くエクササイズ。登頂を目指す登山（mountain climbing）とは異なる。自然の中で歩く運動は他にも、森林を歩くbushwalkingや廃線に沿って歩くrail trailなどがある。

#英語

#trekkingchile（Chileはチリ）など、歩いた場所を投稿する#もある。

stretch
ストレッチ

「ストレッチをする」はdo stretchまたはdo stretching。「（体が）柔らかい」はflexible。soft「（肌触りが）柔らかい」とは異なるので注意。「（体が）硬い」はstiffと言う。

#英語

#dostretch、#dostretchingでヨガやピラティスについての投稿がある。

stay active
体を動かす

stay activeは「（日常生活で）なるべく体を動かす」という意味だが、#stayactiveで、筋トレや運動をしている画像が投稿されている。

#英語

散歩をした日は#stayactivestayfit「体を動かして健康を維持する」で日常をシェアしてみよう。

Column 6

多言語から生まれる英単語

「日々シュリンクするバジェットにどんなスキームでコミットするのがベストなソリューションなのか、フランクなディスカッションを通してブレストしましょう！」

こんな日本語を話す人、あなたの周りにいませんか。ここまで極端かどうかは不明ですが、英語も外来語であふれていた時代がありました。5世紀の英語にはすでに、ローマ人との交易を通して、wine、cheese、butterなど、商業に関する言葉がラテン語から流入していた記録が残っています。その後もpope、grammar、schoolなど、宗教や学問に関する言葉がラテン語から続々と英語に入ってきました。イングランドでは11世紀から300年間、フランス語が公式の場で使われていた経緯もあり、14世紀に再び英語が公式の言語としての地位を取り戻した後も、今度はフランス語からの借用語が数多く英語に取り入れられました。その頃話されていた英語は、もしかしたら、冒頭の日本語のように外国語かぶれに聞こえていたかもしれません。

現在、英語の語彙の45%がフランス語由来と言われており、art、job、fall、hotelなども元々はフランス語です。この本で取り上げたdessert、cuisine、gourmetもフランス語が由来です。あなたが使っている英単語はとてつもなく長い旅を経て、あなたにたどり着いたのかもしれません。

5章・旅行の楽しさが伝わる#

旅行の行き帰り、観光名所、旅行先のグルメや絶景など、世界中から投稿されている人気の投稿テーマに関する注目の単語やフレーズ、ハッシュタグ（#）について解説しています。

旅の目的を表す#

エマとエミコさんは、ユウマがいるアメリカ・テキサス州へ2週間の旅行をすることに。旅行の予定を立てていることをSNSで投稿したいのですが、今回の旅はどのように表現すればいいのでしょうか?

travel

旅行

旅行を表す最も一般的な単語。比較的長期間で遠方に行くニュアンスがある。日常では動詞の「旅行する」をよく使う。名詞を修飾するtravel agency「旅行会社」も頻出。

#英語

SNSでは#travelの投稿が多数。#travelinjapanなど撮影場所を入れよう。

journey

旅、道のり

「旅行」よりも「旅」「道のり」というニュアンス。長期間の旅行を指す。travelは目的が到着なのに対して、journeyは道中に焦点が置かれており、意味合いに帰路は含まない。

#英語

#fitnessjourneyや#journeytosuccessでjouerneyは旅の過程だとわかる。

trip

小旅行

one day trip「日帰り旅行」、field trip「遠足」、school trip「修学旅行」など、すぐに帰ってくる小旅行の意味合いがある。動詞には「つまづく」という意味もある。

#英語

#familytripには家族旅行の微笑ましい投稿が多数。

tour

観光旅行、巡業

数カ所を訪ねて戻ってくる、一巡するような旅のこと。観光や見学、または音楽家やスポーツチームの巡業といった意味もある。同じく、tourismも「観光旅行」。

#英語

#tournewyorkのように場所を入れた#も多数。

2週間の旅行は、travelでニュアンスが伝わる。そして、家族旅行であればfamily vacationが合う。滞在先で会う人がいる(目的がある)場合はjourneyではなく、旅行期間に合わせてtravelやtripを使い分けると詳細が伝わりやすい。

familymoon
子連れ新婚旅行

familyとhoneymoonの合成語。再婚カップルなどが前の結婚生活で授かった子供を連れて行く旅行のこと。普通に「家族旅行」と言う時は、family tripまたはfamily vacation。

#英語

#familymoonには微笑ましい写真が多数。

baecation
恋人との旅行

bae「恋人」とvacationが合成されて作られた造語。旅行パンフレットや旅行雑誌などでよく見る語だ。vacation with my boyfriend (girlfriend) が正式な言い方。

#英語

#baecationの後ろに西暦を入れた#もある。

friendcation
友達と過ごす休暇

friendとvacationの合成語。よくオンライン上で見かける語。楽しめる場だと強調するために、バーやカフェのホームページで使われることも。友達との旅行はtrip with friends。

#英語

SNSには#friendstripもある。

eduvacation
学びの休暇

education「教育」とvacationの合成語。美術館や博物館、史跡などを巡る教育的な旅行。2022年頃に生まれた造語で、雑誌やSNSで見かけるが日常会話で使うことは稀。

#英語

#eduvacationで研修旅行や学生の校外学習の投稿が出てくる。

bleisure
出張先の休暇

businessとleisureの合成語。出張日前後に休暇を取って旅行をすること。欧米ではbleisure (ブリージャ) を取る人が過半数以上。

補足

workcationは休暇先で仕事をすること、または広い意味でのリモートワークを指す。

graduation trip
卒業旅行

graduationは「卒業」。アメリカでも大学卒業後の旅行が一般的。travel、journeyではなくtripが使われる理由は期間が短い旅行だから。

#英語

#graduationtripの後に西暦を入れて思い出写真を投稿している人が多数。

海外旅行の移動中に使える#

エマとエミコさんは、アメリカの空港で乗り換えをしようとしています。海外旅行のフライトは到着時間や到着ゲートの変更などが起こりがちです。英語を理解して迷わず到着することができるのでしょうか？

departure

出発

departuresは空港では「出発便」。出発便はたくさんあるので複数形に。departは「出発する」だが日常生活ではやや大げさなニュアンスがあり、leaveを使う方が一般的。

#英語

#departuresは空港や駅での写真を投稿する際に使える。

arrival

到着

arrivalsは「到着便」。空港では複数形に。arriveは「到着する」で日常では頻出語。estimated time of arrival（到着予定時刻）はETAと略されカーナビなどに使われている。

#英語

#newarrivalは「新着商品」。この#には服や装飾品などの投稿が多数。

takeoff

離陸

take offは動詞で「離陸する」。takeoffは単体の名詞で「離陸」。ロケット発射のカウントダウンの最後の言葉はtakeoffではなくliftoff。

#英語

Takeoffは銃撃で死亡したアメリカ人ラッパーの名前でもあり、#take offには彼の写真も多い。

landing

着陸、上陸

landは「土地」以外に「着陸する」という意味があり、ingがつくと「着陸」「上陸」に。landing on the moonは「月面着陸」。landing cardは「入国証明書」。

#英語

#landingviewには着陸機や着陸風景の写真が多数。

他にも空港関連の言葉は、「前乗り」staying one night beforeや、「搭乗」boarding、「最終案内」the final callなど。海外の空港は搭乗口が前触れもなく大幅に変更されることがあるので、覚えておくと安心。

on the road
移動中

on the roadは、仕事で「出張中」、音楽家やバンドの「巡業中」、スポーツチームの「遠征中」、自動車や自転車が「路上にいる」などシチュエーションで意味が変わる。

#英語

#ontheroadは、サイクリングや車の旅、移動中の風景などに適した#。

in transit
移動中

in transitは「輸送中」「データ送信中」という意味も。transitは「通過」「飛行機の乗り継ぎ」。給油のために空港に降りて再び同じ飛行機で目的地に向かう時にも使う。

補足

transitは1台の飛行機での移動。別の飛行機への乗り換えはtransfer。

flight booking
航空チケット予約

bookingもreservationも、ほぼ同じ「予約」だが、bookingは娯楽や旅行で手配するニュアンス。reservationは確保するニュアンスで、日常生活からビジネスまで広く使われる。

使用例

ホテル、飲食店、飛行機の予約はbooking、reservationの両方が使える。

airline meal
機内食

airline「航空機」で食べる食事なのでairline mealと言う。別名はin-flight meal。車両で食事が食べられる食堂車はdining carまたはcafé car。イギリス英語ではbuffet carと言う。

#英語

#airlinemealでさまざまな航空会社の機内食を見ることができる。

plane spotting
航空機観察

航空機ファンが機体の撮影、航空機の観測、航空路の情報などの記録、これらの行為を空港などで趣味として行うこと。aircraft spottingとも言う。

#英語

#carspottingや #shipspotting、#trackspottingなども存在する。

jet lag
時差ボケ

jetは「ジェット機」、lagは「遅れ」「時間差」。長時間フライト後、現地時刻と体内時計が合わないが故の体の不調のこと。時差はtime differenceと言う。

#英語

SNS上の#jetlagでは時差ボケの治し方や予防法が紹介されている。

街歩きで使える#

ユウマはエマたちと無事に合流することができました。ユウマが住むのはアメリカのIT都市、テキサス州オースティン。近代的な町並みや路上演奏、壁画など、見どころがたくさんあります。

city killers

都会のベストショット

killerは口語で「素晴らしいもの」、その写真がいくつもあるので#city killersは複数形。語尾の発音が同じ#citykillerzもあるが、これは旅行情報発信サイトの名称でもある。

#英語

#citykillersのように#cityphotographyも都会の風景を表す#。

symmetry killers

左右対称のベストショット

symmetryは「調和の取れた美しさ」や「左右対称」という意味。教会の天井や遠景、ホールの全景など投稿写真はどれも美しい。

#英語

#symmetrybuff（buffはマニア）も左右対称の美しい写真の投稿がある。

街の風景にはkillersやslayer（どちらも「殺し屋」「素晴らしい」という意味がある）など、一見恐ろしい#がある。しかし、killer smile「（虜になるほど）魅力的な笑顔」のように、大げさに素晴らしさを表現する語でもある。

urban

都会の、都市の

urbanは形容詞、都市圏はurban areaと言う。都市はcity、東京やニューヨークレベルの大都市はmetropolis。イギリスでは、ロンドンのことをmetropolisと呼ぶ。

#英語

#urbanは投稿の範囲が広い#。街の景色は#urbanphotographyで投稿。

urbex

都市探検

urbex（アーベックス）は、urban exploration「都市探検」の合成語。SNSで使われる。都市の風景を探索する意味があり、廃墟や地下、高所などの写真が投稿されている。

#英語

インスタでは#urbanexplorationより#urbexの方が人気の#。

streetgrammers

街の風景写真

grammersはInstagrammersの略でインスタに載せる写真という意味で使われる。#streetgrammersは街で見た風景といったニュアンス。投稿写真はどれもアート作品のよう。

#英語

インスタでは#citygrammersでも同様の写真が投稿されている。

travel bug

旅にハマり中

bugは「虫」の他に「熱狂」「マニア」という意味もあり、travel bugとは「旅に夢中」ということ。movie bug「映画マニア」、camera bug「カメラマニア」のような使い方をする。

#英語

#travelbugindiaのように、国名や都市名を入れて投稿してみよう。

gramslayers

インスタで一番素晴らしい写真

slayは「殺す」、slayerは「殺害者」。ゲームでは「悪者を退治する者」で頻出語。SNSではP134のkiller「素晴らしいもの」と同様、「インスタを制覇する」というニュアンスがある。

#英語

街を背景にした自撮りも多い#。

shotz

写真

shotは「写真撮影」。複数形shotsの語尾がsからzに置き換えられている、スラングならではの書き方。shotsと発音が同じshotz（ショッツ）は音で意味が同じだとわかる。

#英語

インスタには世界の写真を表す、#worldshotzや#globeshotzがある。

観光名所の紹介に使える#

エミコさんは、テキサス州のオースティンを観光中です。ライブミュージックの聖地に世界遺産、コウモリの大群が見られる観光名所など、投稿したい写真は日に日に増えていきます。

sightseeing

観光

sightseeingは観光を表す最も一般的な言葉。入国審査の際は、観光ならFor sightseeing.またはFor pleasure.「娯楽目的」。I'm a tourist.「旅行者です」という答え方もある。

#英語

sightは「景色」「見どころ」。街歩きは#citysightseeingで投稿しよう。

must-see

必見のもの

mustとseeの合成語。「見なければならないもの」という意味合いがある。口語的な言葉だが辞書にも載っている。P115のmust-havesと同じく、名詞のため「-」がつく。

使用例

must-read「必読書」、must-visit「必ず訪れるべき場所」のように使う。

must-は、must-try foodやmust-eat dish「絶対外せない食事」やmust-haves「マストアイテム」「絶対手に入れたい品」としても使われる頻出語。また、街の景色でmust-see view「必見の景色」である「夜景」はnight view。

tourist spot

観光名所

ここでのspotは店などの狭い範囲ではなく、富士山、東京タワー、銀座、大阪城など、ある程度広い範囲を指している。tourist hotspotという言い方もある。

#英語

#touristspotsinjapanのように、#tourist spotにin国名を入れて投稿しよう。

tourist site

観光地

siteは「場所」に加え、「敷地」「用地」という意味もある。tourist siteは神社や遺跡などが対象になる。tourist spotとtourist siteは場所によって使い分けもできる。

#英語

神聖な場所や歴史的建造物の写真は#touristsiteがピッタリ。

landmark

ランドマーク、目印

場所の特定に役立つ建物や目印。渋谷のハチ公像は、The landmark in Shibuya is Hachiko, the dog statue.「渋谷のランドマークは犬のハチ公像」のように説明ができる。

#英語

#landmarkにはタワーや観覧車、城などの投稿がある。

World Heritage

世界遺産

the World Heritage List「世界遺産リスト」に登録された、人類が価値を共有すべき文化財や景観および自然のこと。移動不可の不動産が対象。World Heritage siteとも言う。

補足

城や宮殿は室内の撮影が不可な場合も。撮影・投稿の際は注意しよう。

attraction

観光名所、アトラクション

attractは「惹きつける」。attractionは「人を惹きつけるもの」。tourist attractionもattractionのみでも「観光名所」。遊園地などの集客施設という意味もある。

#英語

旅行先で興味を惹かれる景色を見たら、#attractionで投稿しよう。

mecca

聖地、憧れの場所

Meccaはサウジアラビアの中西部にあるイスラム教最大の聖地。この地名が転じて、同じ目的を持つ人々が集まったり憧れたりする場所をmeccaと呼ぶようになった。

#英語

#meccaofmusicのようにジャンルを入れると特定の聖地が出てくる。

旅行先のレストランと#

観光地巡りに疲れたエマとエミコさん。オースティンの街でランチをしようとお店を探しています。名物のメキシコ料理にBBQの屋台やフードトラックなど、選択肢は無限にあります。

top city bites
街一番の食事

bite（バイト）は「一口」または「軽い食事」。口語では「軽い」の意味はなく、単に「食事」として使うことも多い。

#英語

SNS上では#topcitybitesで、ステーキや中華料理、パスタなど世界各地の食事が投稿されている。

authentic food
本場の食べ物

authentic（オセンティック）は「本物の」。authentic foodで「現地の本場の食事」。#には高級レストランやレシピ動画も。反対語はreplicated「複製された」やfake「偽りの」。

#英語

#authenticmexicanfoodはメキシコ料理を作る時に助けになる#だ。

hawker food
屋台料理

hawker（ハーカ）は「行商人」。東南アジアで屋台や簡易店舗が集まった場所をhawker centerと言う。#hawkerfoodの写真はそこで売られているようなアジア料理が多い。

#英語

#hawkercenterでも同様のアジア料理を見ることができる。

street food
屋台料理

路上で売られている食べ物のこと。通常は屋台やキッチンカーで手に入れられる食事のことを言うが、#には屋外で火を焚いて調理している路上BBQのような投稿写真もある。

#英語

国名をstreet foodの前後に入れた#も要チェック。アジアの屋台料理が多い。

「屋台」はstreet food standまたはfood stroller。「キッチンカー」はfood truck。「地元民に人気の料理」local favoriteや「地元民」the localsの口コミを知りたい場合は、北米はZAGATとyelp、世界規模ではtripadvisorがある。

local cuisine

郷土料理

cuisine(クィズィーン)はフランス語由来の言葉で「料理」「食事」。local cuisineは「地元の料理」。広範囲の郷土料理はregional cuisine。

使用例

例えばregional cuisineはスペイン料理全般、local cuisineはバスク地方の料理のように範囲が異なる。

local fare

郷土料理、現地の料理

fare(フェア)には「料金」以外に「食べ物」という意味がある。fareはcuisineよりもカジュアルな言い方。delicious fareは「おいしい食べ物」、summer fareは「夏の食事」。

#英語

#localfareは地元に根付いたレストランの宣伝にも使える#。

gastronomy

高級レストラン

本来は食事と文化と伝統の関係を考察すること。美食学と訳される。そこから転じて格式の高いレストランをgastronomy restaurantと呼ぶようになった。

補足

日常では高級レストランはupscale restaurantやfancy restaurantと呼ぶ。

diner

食堂、ダイナー

dinerは元々プレハブでできた簡易な作りの安価な食堂のこと。現在では比較的大きな店もあるが、値段は安く一般的なアメリカ料理全般が提供される。

#英語

SNS上には#dinerfoodisthebest「ダイナーの食事が一番」という#も。

food crawl

食べ歩き

crawlは「クロールで泳ぐ」の他に、「ゆっくり進む」という意味も。「食べ歩き中!」と投稿するならEnjoying a food crawl!「食べ歩きする」はeat aroundやwalk and eatとも言う。

#英語

なぜか#walkandeatは日本の写真、#eataroundはタイの写真が多い。

food trip

食の旅

food tripは食を楽しむための旅行という意味。food adventureという言い方もあり、こちらの方がさまざまな食事を試してみるといったニュアンスがある。

#英語

#foodtripは地元のおすすめの店を紹介する投稿も目立つ。

注目が集まる絶景の#

エミコさんはエマ・ユウマと共にオースティン近郊のトラヴィス湖へ。真っ青な湖に美しい空、緑溢れる絶景を見て、この感動が伝わる言葉やハッシュタグ（#）について知りたくなりました。

wanderlust

放浪癖、旅行熱

wanderは「あちこち歩き回る」こと。lustは「情熱」。wanderlustは「旅行熱」とも訳される。旅に出たくて仕方がないといった気持ちを表す語。日常でも使われる。

使用例

I'm filled with wanderlust.
「旅行したいなあ」

hello from

～からこんにちは

旅行先からの写真を投稿する際は、この#が便利。旅先からの絵葉書にはfromの後ろに訪れている場所を書くが、#hellofromであれば、どこからでも送ることができる。

#英語

明確に訪れた場所を投稿したい場合は#hellofromの後に国・都市名を入れる。

他にも大自然の絶景を表すmother nature「母なる自然」やgreat nature「大自然」、pristine nature「手付かずの自然」がある。美しい景色にはbreathtaking「息を飲むような」を使ったbreathtaking view spot「絶景スポット」がある。

---

pure nature
大自然

人工物はなく自然の風景のみという意味。pure natureは日常会話でも使う言い回しだがpure nature essential oil(天然由来100%の精油)のような使い方の方が多い。

#英語

#purenatureは美しい大自然の画像が多数。奇跡の写真はこの#で投稿。

my world in one picture
私の全てをこの1枚に

「私の大切なものが収められた1枚の写真」という意味。家族や子供の写真、赤ちゃんの周りで見つめ合う夫婦の写真など、投稿者の宝物の1枚を見ることができる。

#英語

#myeverythinginonepictureや#mywholeworldinonepictureも同じ意味。

adventures
冒険

「未開の地での探検」以外に、初めての国への旅行や初めてトライする「新たな挑戦」として使う。SNSではロッククライミングや釣りに挑戦している写真の投稿が多数。

#英語

#hikingadventures「ハイキングの冒険」や#nextadventure「次の冒険」もある。

discover Tokyo
東京を発見する

#discoverを始め、#discoverの後ろに国や都市名を入れた#も多数存在する。その場所を象徴する写真はどれも美しく見ていて飽きない。この#を見て旅行する国を決める人もいる。

#英語

#discoverjapanも必見。

roam the planet
地球を放浪する

roam(ロゥム)は「放浪する」。the planet「惑星」は、ここでは地球。roamと似た言葉にramble「探索する」があるが、こちらは近場で散策するニュアンスがある。

#英語

世界中の絶景が#roamtheplanetで投稿されている。

landscapes
田舎の風景

広大な陸地の風景。主に自然に囲まれた田舎の風景を指す。a city landscapeで「都会の風景」。通常は単数形だが#では何枚もの写真という意味で複数形が使われている。

#英語

#landscapesは単に「田舎の景色」「美しい自然の風景」は#scenery。

自分探しの旅と#

エマはオースティンでの旅行を経て、夢だった一人旅を決意。このことをSNSで投稿します。今のエマの心境が伝わる言葉やハッシュタグ(#)には、どのようなものがあるのでしょうか?

solo traveler

一人旅をする人

このsoloは「単独行動」。似た意味のaloneやmyselfが入った#travelaloneや#travelmyselfもある。soloやalone、myselfには、lonelyのように寂しいというニュアンスはない。

#英語

#solotraveltojapanのように、後ろにto国名が入った#も多数。

self-discovery

自分探し

selfは「自己」「自分自身」。この#には「自分探しの旅」や「人生を考える時間」、「ヨガを通した瞑想」など観念的な意味もある。揶揄する意味は皆無の前向きな言葉。

#英語

#selfdiscoveryの他に、同じ意味の#selfdiscoveryjourneyもある。

放浪の旅のように目的を決めずに海外に行く場合は、P130のjourneyを使う。写真と共にLife is journey.「人生は旅」やborn to travel「旅するために生まれた」などの一言を入れるとニュアンスが伝わる。

Take me away.
連れて行って

take away は「持ち去る」。飲食店などのテイクアウトをイギリス英語ではtakeaway（名詞）と言う。me「私を」が入ったこの表現は「私を遠くへ連れて行って」。

#英語

#takemeaway は恋愛感情を感じ取れる投稿写真が多い。

hit the road
出発する

hit は「たたく」。hit the+ 名詞で「ある行動をとる」、hit the road は「出発する」という意味の口語。Time to hit the road!「出かけようぜ」は親しい仲でよく使われる表現。

補足

Hit the books「勉強をする」という表現もある。

life explorers
人生の冒険家たち

explore は「探検する」。adventure は「冒険」。explorer（エクスプロアラー）もadventurer も「冒険家」とほぼ同じ意味だが、explore は近所を探索するといった軽い意味でも使う。

#英語

インスタの #lifeexlorers では、旅を楽しむ人たちの投稿が多数。

born to travel
旅するために生まれた

born to ～で「～するために生まれた」。「生粋の旅人」と訳されることも。日常会話ではShe was born to play the piano.「彼女は生まれながらのピアニストだ」のように使う。

#英語

#borntotravel は、投稿者が旅好きであることが伝わる#。

backpacker
バックパッカー

リュックサック一つで低予算の旅をする人のこと。リュックでの通学や通勤など、近場を移動する人は含まない。リュックサックはドイツ語で、英語ではbackpack と言う。

#英語

ワーキングホリデーなどで旅をした際は #backpacker で投稿。

vagabonding
放浪すること

vagabond（ヴァガボンド）は「放浪する」または「放浪者」。ライフスタイルとして目的地のない放浪をする人。nomad は生活のために目的を持って放浪する人のこと。

#英語

#vagabond は同名の漫画が出てくる。旅の投稿は #vagabonding がおすすめ。

Column 7

なぜ、スラングは生まれるのか？

「ニキ、そんなのムリゲー…」。専門学校で講師をしていた20年前、宿題の範囲を伝えた時に生徒から言われた一言です。さっぱり意味がわからない僕に複数の生徒たちが得意げに教えてくれました。ニキとは兄貴のこと、ムリゲーはクリアするのが難しいゲームが転じて絶対無理であること、つまり「兄貴、そんなの絶対無理だよ」という意味だということがわかりました。後日調べてみると「ニキ」も「ムリゲー」もオンラインスラングとして有名なもののようでした。

2022年、大谷翔平選手を三振に打ち取ったピッチャーからサインボールを頼まれた大谷選手がボールに書いた言葉は、What a nasty pitch!（なんてエグい球なんだ！）。nastyは本来「不快な」という意味ですが、スラングでは正反対の「素晴らしい」という意味で使います。「エグい」も、本来はエグ味があるということから「あくが強い」「ひどい」という意味ですが、実際には「素晴らしい」という意味で多く使われています。

スラングは、言葉を本来の使い方とは違う使い方をすることで、そこから生まれるスリルを敏感に感じ取り、そのスリルを楽しむことができる若者たちによって生み出されます。そして、次々生み出されるスラングは時代を映す文化の一つと言えます。

特別コラム・世界を変えた

SNS上で広まった社会運動、#activism（ハッシュタグ・アクティヴィズム）について解説しています。ジャンルは社会問題、環境問題、人権問題など、多岐にわたります。

#activism 世界を変えた#英語

#activism（ハッシュタグ・アクティビズム）はSNS上で展開される運動のこと。この影響力が顕在化した運動の1つは、2011年の#ArabSpring（P147）。国家による情報統制を破壊し、デモの動員を促し、政権側が流す情報が偽りであることを伝えた意義は大きい。
日本では、2016年にネット上に投稿された「保育園落ちた日本死ね!!!」が国会でも取り上げられ、Twitter（現在はX）では「#保育園落ちたの私だ」と共に悲痛な投稿が相次ぎ、待機児童問題が社会全体に認識された。

社会問題

#BringBackOurGirls（娘たちを取り返す）

2014年にナイジェリアでイスラム過激派組織が270人以上の女子生徒を拉致し行方不明になった事件に抗議する運動。ミシェル・オバマ氏ほか、著名人がこの#で抗議を表明し、運動が広まった。

#WhyIStayed（そこにいた理由）

2014年、アメリカンフットボール選手が婚約者を殴る様子を映した防犯カメラの映像がメディアに公開され、世間の議論が沸き起こった。のちに家庭内暴力被害者を擁護する#としてトレンド入りした。

#ShoutYourAbortion（中絶の権利を叫ぶ）

2014年、アメリカ人女性が家族計画連盟への資金打ち切りを受け、連盟の援助で自身が中絶手術をしたことを投稿。以降、中絶の体験をシェアする動きが始まった。

#YouAintNoMuslimBruv（お前なんてイスラム教徒じゃない）

2015年、イギリス・ロンドンの地下鉄駅構内で殺傷テロ事件の犯人が警察に取り押さえられる際に、通行人が犯人に向かって叫んだ言葉「お前なんてイスラム教徒じゃない」は、テロに抗議するイギリス国民全ての気持ちを代弁していると賞賛された。

#PrayForParis（パリのために祈る）

2015年にパリで起きた同時多発テロを受けて広まった#。SNSでは世界中の人々がパリへ平和を願う祈りを捧げた。

#COVID19／ #CoronaVirus（コロナウィルス）

コロナウイルスは英語でもCorona virusだが、実際はCOVIDまたはCOVID-19が一般的。コロナ禍（the pandemic）では最新の情報をSNSで検索する人も多くいた。

政治

#ArabSpring（アラブの春）

2010年にチュニジアでの民主化運動（ジャスミン革命）を発端に中東諸国で次々に政権が交代した。SNSで情報が拡散され、2011年に運動が一気に拡大した。国家による情報統制を破壊し、デモの動員を促し、政権側が流す情報が偽りであることを世界中に伝えた意義は大きい。

#KONY2012（2012年のコニー）

ウガンダの反政府武装勢力のリーダー Joseph Konyの蛮行を告発する内容の動画。2024年時点でYouTubeでの再生回数は1億回以上。多くの賛同を得た一方、動画に関しては批判的意見も少なくない。

#ImWithHer（彼女と共に）

2016年にアメリカ民主党がヒラリークリントン氏を史上初の女性大統領候補に正式指名した際、「ガラスの天井を壊した」として使われたハッシュタグ。

#FreeHongKong（香港に自由を）

2019年に香港逃亡犯条例改正案の反対運動が起こり、「香港に自由を」のスローガンが使われ、この#が諸外国でも知られるようになった。2020年に香港政府はこのスローガンが違法との見解を示したが、国連人権委員会では表現の自由の権利の行使としている。

人種問題

#BlackLivesMatter（黒人の命も大切だ）

2012年、アメリカで17歳の黒人の少年が自警団に射殺された事件をきっかけに生まれた人種差別に抗議する運動。2020年、アメリカで警察官に首を抑えられた黒人男性が亡くなった。その際の動画が、この#と共に世界中に発信され、人々の強い関心を引きつけた。

#OscarsSoWhite（オスカーは白人だらけ）

2016年、アカデミー賞俳優部門が白人俳優のみであったことが「白すぎる映画賞」と非難されたことで生まれた#。アカデミー賞における多様性の実現を目的としている。

#StopAsianHate（アジア人ヘイトを止めよう）

2020年にトランプ元大統領がコロナウィルスを「中国ウィルス」と呼び、アメリカではアジア系住民に対するヘイトクライムが激増した。翌年ジョージア州で白人男性がアジア人女性6人を含む計8人を銃殺。アジア系住民に対する人種差別反対の意識を高めようと、この#が広まった。

人権問題

#HeforShe（彼女のための彼）

2014年に国連女性機関（UN Women）が始めたジェンダー平等を推進する運動。女性だけでなく、全てのジェンダーが共に取り組むことの必要性を訴えている。

女性の人権問題

#YesAllWomen（全ての女性がそうだ）

2014年、アメリカのアイラビスタ銃乱射事件のあと、女性たちがハラスメントや差別に対してSNSに投稿する際にこの#が多く使われている。

#StopGamerGate（ゲーマーゲートを止めよう）

2014年、アメリカでゲーム業界の腐敗を告発する偽りの投稿をきっかけに生まれた、女性嫌悪を助長するオンラインハラスメント運動（ゲーマーゲート騒動）に反対するハッシュタグ。

#WomensMarch（ウィメンズマーチ）

女性蔑視発言を繰り返すドナルド・トランプ氏の大統領就任に抗議するため、2017年1月21日に世界各地で行われたデモを発端とした運動のこと。

#MeToo（私も被害者だ）

2017年、アメリカ映画界の有名プロデューサーに性暴力やセクハラを受けた、と数多くの女性俳優たちが声を上げたことで生まれた#。自らのセクハラ被害を公表する運動。性被害の体験を共有する際にSNSで使われる。

#TimesUp（時間切れ）

2018年1月、ハリウッドの女性たち（俳優、脚本家、監督など、業界の幹部300人）が立ち上げた、アメリカのエンタメ業界や職場の組織的なセクハラに対抗するための運動。#MeTooと同じく、2017年秋に発覚した映画業界のセクハラスキャンダルを受けて発足された。

#DressLikeAWoman（女性らしい格好）

2017年、トランプ大統領がホワイトハウスの女性スタッフに対して女性らしい格好を求めたことに反対して生まれた運動。この#で投稿されるのは研究室で白衣の科学者や宇宙服を着た飛行士などさまざまな女性たちの姿。

LGBTQ+

#LoveWins（愛は勝つ）

2015年、アメリカ全州において同性婚が憲法上の権利であると認められた。オバマ大統領がそれを祝福するメッセージをこの#と共にツイートしたことで広まった。

#NOH8Worldwide（世界中の差別反対）

No Hate(差別反対)をNOH8と記している。LGBTQ+の人たちに対する差別に反対する運動。活動自体は2009年から開始している。

環境問題

#ClimateStrike（気候ストライキ）

気候変動に対する政策を求めて行う抗議活動のこと。2015年、パリで開催された国連気候変動会議初日に100カ国以上で学生たちが学校を休み抗議活動を行ったことをきっかけに広まった。

#NODAPL（ダコタ・アクセス・パイプライン反対）

原油や天然ガスを大量輸送するためのパイプラインの建設に対して、温暖化や環境汚染を引き起こすとして反対する運動。No Dakota Access Pipe Lineの頭文字を取ったもの。

#FridaysForFuture（未来のための金曜日）

2018年、スウェーデンの環境活動家、グレタ・トゥーンベリ氏が、スウェーデンの施策がパリ協定に一致するまで毎週金曜日にストライキを行った運動。

経済問題

#ThisIsACoup（これはクーデター）

2015年、EUが経済支援と引き換えにギリシャに提示した要求に対して行われた運動。「厳しさを通り越したギリシャ国民に対するクーデターだ（This is a coup.）」と非難するこの#をつけた投稿は20万件を超す。

#StopFundingHate（提供資金を止めよう）

2016年にイギリスで生まれた運動。発行部数を伸ばすために憎悪や分断を利用している新聞社に対し、広告を出さないよう企業に求めた。憎悪が収益を生むのを止めることを目的としている。

銃規制問題

#NeverAgain（二度と起こさない）

2018年、アメリカ・フロリダ州の高校での銃乱射事件の被害者が立ち上げた「二度と起こさない」と名付けられた銃規制を求める運動。SNSでは大量虐殺やテロなどに対して繰り返さないことを誓う投稿にも多く使われている。

#MarchForOurLives（私たちの命のための行進）

2018年に全米で行われた大規模なデモに関する#。フロリダでの銃乱射事件をきっかけに、銃のない社会を求めて「命のための行進」と名付けられた。

#IfIDieInASchoolShooting
（もし私が学校の銃乱射事件で死んだら）

2018年5月18日にテキサス州のサンタフェ高校で起きた銃乱射事件を受けて始まった運動。始まって1日足らずで5万回のリツイートがあった。

チャリティー

#ASLIceBacketChallenge（ALSアイスバケツチャレンジ）

筋萎縮性側索硬化症（ASL）の治療のための研究を支援するため頭から氷水をかぶるか、支援団体に寄付をするという2014年に起こった運動。各界著名人が氷水をかぶる動画を投稿して話題を呼び、この運動が世界中に広まった。

#ShareYourEars（耳をシェアして）

2016年にミッキーマウスの耳をつけた写真がこの#と共にSNSに投稿される度にディズニーパークスが特定のボランティア団体に寄付をするプロジェクトが行われた。

Index 英語

記号

数字

A

B

C

D

E

F

G

I

M

N

O

P

Q

R

Index 英語

S

T

※P30のakaは、本来、オールソゥ・ノゥン・アズ、エィ・ケィ・エィと読みますが、ネットスラングでは敢えて、エイカ、アッカと読むこともあります。

● 参考のためにカタカナで読み方を表記しています。読み方はアメリカ英語を基準にしています。

Index 日本語

記号

ABC

あ

い

う

さ

し

す

ふ

へ

ほ

ま

み

め

カン・アンドリュー・ハシモト（Kan Andrew Hashimoto）

アメリカ合衆国ウィスコンシン州出身の英語・日本語のバイリンガル。英語教育関連の音声、映像、書籍などの制作を手掛ける。公益財団法人日本英語検定協会、文部科学省、法務省の教育用映像（日本語版·英語版）など、これまでに関わった英語教材は200点以上にのぼる。著書に『CD付き 外国人観光客の「Excuse me?」に応える英会話』（池田書店）、『一発で伝わる！ ずぼら英語』（永岡書店）、『バイリンガルコミックス　英語でDORAEMON　音声つき』シリーズ（小学館）などがある。

がんばらなくても、秒で伝わる

#英語

2024年10月24日　第1版第1刷発行

著者：カン・アンドリュー・ハシモト

デザイン：鈴木大輔・江﨑輝海（ソウルデザイン）

イラスト：しまはらゆうき

組版：有限会社マーリンクレイン

校正：片桐邦枝（株式会社ジェイルハウス・ミュージック）
銭谷孝子、パーソルスイッチ株式会社

P8-16 原稿作成：WAVE出版編集部

発行所：WAVE出版
〒102-0074　東京都千代田区九段南3-9-12
TEL　03-3261-3713
FAX　03-3261-3823
振替　00100-7-366376
E-mail　info@wave-publishers.co.jp
ホームページ　https://www.wave-publishers.co.jp

印刷・製本：シナノ・パブリッシングプレス

NDC837　175P　19cm　ISBN978-4-86621-494-8